PANORAMA
ITALIANO

Holt, Rinehart and Winston
New York San Francisco Toronto London

PANORAMA

ITALIANO

THIRD EDITION

Charles Speroni

UNIVERSITY OF CALIFORNIA, LOS ANGELES

Carlo L. Golino

UNIVERSITY OF MASSACHUSETTS, BOSTON

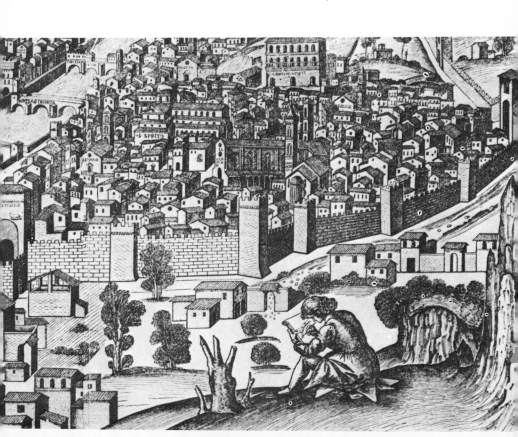

Library of Congress Cataloging in Publication Data

Speroni, Charles, 1911–
  Panorama italiano.

    1. Italian language—Readers (Civilization)
I. Golino, Carlo Luigi, 1913–   joint author.
II. Title.
PC1127.C5S6   1974   458′.6′421   73-21600
ISBN 0-03-089384-4

Panorama Italiano, third edition, by Charles Speroni, Carlo L. Golino

PRINTED IN THE UNITED STATES OF AMERICA

4 5 6 7 8 9   090   9 8 7 6 5 4 3 2 1

Contents

Preface   vii

1. Quando parte Roberto ?   2

2. Studenti americani in Italia   4

3. L'ultima conferenza al Circolo Italiano   6

4. Studenti italiani negli Stati Uniti   9

5. In aviogetto da Nuova York a Milano   10

6. Un po' di geografia   13

7. All'aeroporto di Milano   17

8. Le città italiane   20

9. Un appuntamento nella Galleria di Milano   24

10. Da Milano a Bologna in automobile   28

11. Arrivo a Bologna   33

12. Lingua e dialetti   37

13. Alla stazione di Bologna   42

14. Un po' di storia   46

     Dall'antica Roma al secolo diciottesimo

15. Un po' di storia   50

     Dal secolo diciottesimo ai nostri giorni

16. L'Università per Stranieri di Firenze   54

17. La scuola italiana   57

18. Soggiorno fiorentino   62

19. L'arte italiana   66

     Dall'arte dell'antica Roma al periodo romanico e gotico

20. L'arte italiana   70

     Il Rinascimento, il Barocco, l'Ottocento e il Novecento

21. A tavola non s'invecchia   77

22. Lo sport in Italia   81

23. A una conferenza su Dante   86

24. Un po' di letteratura italiana   91
     Da Dante al Rinascimento

25. Un po' di letteratura italiana   94
     Dal Rinascimento all'epoca moderna

26. Da Firenze a Siena   99

27. In viaggio per Roma   105

28. Una lettera da Roma   108

29. Alle Terme di Caracalla   111

30. Musica italiana   114
     L'opera dalle origini ai nostri giorni

31. Musica italiana   118
     L'Ars Nova. L'oratorio. La musica strumentale

32. Una lettera a Elio Martelli   122

33. Risposta di Elio a Roberto   126

34. Una gita a Ostia   132

35. Svaghi domenicali   135

36. Verso Cinecittà   139

37. Il cinema italiano   142

38. Artigianato italiano   146

39. Alcuni grandi scienziati italiani   151

40. Napoli e dintorni   156

41. Feste italiane   162

42. Viaggio notturno a Palermo   167

43. La Sicilia   170

44. Sul Monte Pellegrino   175

45. Lettera dal treno   179

EXERCISES   185

VOCABULARY   i

Preface to the third edition

The purpose of *Panorama italiano* is to help fill a need which, we feel, has existed for a long time in the field of beginning Italian readers.

As in the case of our grammar, *Basic Italian,* we have been guided by many years of classroom experience in planning the present reader: an experience which has made us realize repeatedly that students of a foreign language are interested in two things, in the acquisition of a *speaking* knowledge of a given language, and in the acquisition of a *reading* knowledge which will permit them to read the literature written in that language. With this in mind, the present reader has been prepared with the aim of giving students a general view of Italian life and culture, and, at the same time, of introducing them to the language used in daily conversation as well as to the language used in the more formal prose. For this reason, the forty chapters of text present, alternately, examples of the spoken and of the written language. Needless to say, the material treated is, by its very nature, highly diversified, and so, in order to give it some unity, we have imagined a trip for a young American student who is going to Italy to continue his study of painting. The various people he meets in Italy provide the natural situations for his Italian experiences. The device of placing our protagonist in plausible situations where he learns about Italy through conversations with Italians, provides the opportunity for the straight prose selections, which are intended to describe and explain several facets of Italian life and culture.

Panorama italiano was first published in 1960. Since then, along with its companion grammar, *Basic Italian*, it has been favorably received by many teachers and students. We are deeply grateful to our readers, and we earnestly hope that this revised edition will also meet with their approval.

In preparing the present edition we have profited by the reactions and suggestions of various colleagues. We have updated certain passages, and we have made several changes both in the reading selections and in the exercises. The main change consists in the addition of five new chapters: one on history, one on art, one on literature, one on music and one on Italian cinema.

The text is followed by a series of exercises: fifteen questions, ten fill-in sentences, and five suggestions for writing original sentences for each chapter. The questions, to which the teacher can easily add others as he or she goes along, are meant as an opening wedge toward wider classroom conversation. The purpose of the incomplete statements is to repeat the more important parts of each chapter and, at the same time, to highlight important words and constructions. The "suggestions" are aimed at making the student use certain idiomatic expressions in original phrases.

In order not to make the student too dependent on diacritical markings, and since he or she already should know that an unmarked word is stressed on the next-to-the-last syllable, whereas a word bearing a written accent on the last vowel receives the stress on that vowel, we have decided to indicate stress only when it occurs in "unexpected" places. On the other hand, the end vocabulary, which is a complete vocabulary, makes full use of diacritical markings.

We wish to call to the attention of the teacher that *Panorama italiano* is not necessarily to be used in conjunction with our *Basic Italian*: the two books are distinct and separate texts, and the use of one does not imply or require the use of the other. Further, we should like to stress that the present reader is *graded* in difficulty. Whereas it is true that we have made no effort to choose only easy, common words at the beginning and progress to more difficult vocabulary in later chapters, we have definitely graded the grammatical difficulty from beginning to end.

To the teachers who are using *Basic Italian* — we suggest that the reading of *Panorama italiano* be started after completing the first 5 lessons of *Basic Italian*. The grading has been carried out as follows (except for a few unavoidable exceptions): The first 2 chapters of *Panorama italiano* cover the grammatical contents of the first 5 lessons of *Basic Italian*; chapters 3-4 go through lesson 10; chapters 5-6 go through lesson 12; chapters 7-12 go through lesson 16; chapters 13-16 go through lesson 20; chapters 17-20 go through lesson 24; chapters 21-24 go through lesson 28; chapters 25-30 go through lesson 32; and chapters 31-36 go through the rest of the grammar.

C.S.
C.L.G.

INSTRUCTIONS TO THE STUDENT

1. Italian words are generally stressed on the next-to-the-last syllable (*amico*). No marking is used to show the stressed syllable in this type of words.
2. A final vowel that bears a written accent is always stressed (*università*).
3. An inferior dot indicates stress in words other than those mentioned in paragraphs 1 and 2 (*rapido, rispondere*).
4. The above instructions refer only to the text of this reader. In the end vocabulary a more complete system of diacritical markings has been used. See the Foreword to the Vocabulary itself.

ITALIA

POLITICA

Scala di 1:5 000 000

0   50   100   150   200

Chilometri

Capitali di Stato   *Capoluoghi di Provincia*

Long. Est 12 da Greenwich

Quando parte Roberto?

1 Roberto Hamilton è uno studente dell'Università di Stanford in California. È uno studente di ultimo anno che desidera tanto di andare a studiare in Italia. In questo momento è nello studio del signor Fulvio Ferri, maestro di pittura.

— E cosí, caro Roberto, Lei presto finisce gli studi qui a 5 Stanford, e parte per l'Italia!

— Sí, caro signor Ferri, fra due settimane finiscono le lezioni; poi ci sono gli esami, e il sedici di giugno parto per Nuova York.

— Non prende l'aviogetto San Francisco-Roma? 10

— No; quello è un volo diretto, e io intendo passare una settimana a Nuova York a casa di una zia. Lei, maestro, conosce Nuova York?

— Sí, sí, molto bene. È la città americana che io preferisco. Come artista io ammiro i meravigliosi grattacieli. 15

— Ma anche i musei, non è vero?

— Certo! Il museo Guggenheim, il Museo di Arte Moderna, il Metropolitan . . .

— E, naturalmente, Lei, come tutti gl'Italiani, ammira anche il Lincoln Center, dove, durante la stagione lirica, can- 20 tano molti artisti italiani.

— È vero. Infatti, spesso penso al vecchio Metropolitan Opera House, che ora non esiste piú. Quanti ricordi! Enrico Caruso, Titta Ruffo, Luisa Tetrazzini . . .

— Capisco perfettamente. Mia madre è italiana, e anche lei ricorda con nostalgia i grandi cantanti del Metropolitan.

— E, senza dubbio, i cantanti del Teatro dell'Opera di San Francisco.

— Ora, caro maestro, vado via perché a casa c'è mia madre che aspetta. Se crede, ritorno domani per finire questo quadro.

— Benissimo. Domani mattina sono occupato, ma nel pomeriggio sono libero. Va bene?

— Benissimo. Arrivederla, maestro.

— Arrivederci.

ROMA: VEDUTA DI SAN PIETRO

Studenti americani in Italia

2 Roberto Hamilton, come ricordiamo, è uno studente di ultimo anno in un'università americana. Studia arte all'università, e prende lezioni private di pittura dal maestro Fulvio Ferri. Ma Roberto non studia solamente pittura, studia anche la lingua italiana. Roberto parla italiano, non solo perché 5 studia questa lingua all'università, ma perché la madre di Roberto, che è italiana, parla sempre italiano con Roberto. Inoltre, Roberto parla italiano anche con il signor Ferri.

Fra due o tre settimane, appena finiscono gli esami, Roberto parte per Roma, dove desidera continuare gli studi 10 d'arte all'Accademia di Belle Arti di Roma. Ogni anno molti studenti americani partono per l'Italia per studiare arte, letteratura o storia in una delle numerose città italiane. Alcuni studenti viaggiano da soli, come per esempio Roberto. Altri viaggiano in gruppi piú o meno grandi. Alcuni studenti re- 15 stano solamente due o tre mesi in Italia, altri studiano in una data università anche sei mesi o un anno.

Molte università americane mandano un certo numero di studenti a una data università italiana in una o in un'altra città. L'Università di Stanford, per esempio, manda ogni anno 20 molti studenti a Firenze; l'Università di California, invece, manda un certo numero di studenti all'Università di Padova.

Molti studenti frequentano indipendentemente corsi per stranieri, specialmente durante i mesi di giugno, luglio o agosto. Fra i vari centri per stranieri sono importanti quelli 25 dell'Università di Firenze e dell'Università di Perugia. Ma troviamo altri centri per stranieri anche a Siena, a Pisa, a Milano, e altrove. L'Università di Siena, per esempio, durante

4

STUDENTI STRANIERI IN PERUGIA

l'estate ha una scuola di lingua e cultura italiana per stranieri, e a Roma, la Società Dante Alighieri offre corsi speciali di lingua e cultura italiana. A proposito, la Società Dante Alighieri offre corsi di lingua italiana anche in varie città del mondo.

5   Senza dubbio gli studenti che passano alcuni mesi in uno di questi centri, a Firenze, a Perugia, a Padova, eccetera, imparano molto, e quando ritornano a casa negli Stati Uniti sono felici della nuova esperienza in Italia.

L'ultima conferenza
al Circolo Italiano

3

L'ultima conferenza dell'anno scolastico al Circolo Italiano dell'Università di Chicago è appena terminata. Stasera ha parlato Elio Martelli, uno studente di economia politica laureato all'Università di Bologna. Il signor Martelli è venuto in Amèrica al principio dell'anno scolastico. È venuto con una 5 borsa di studio. In questo momento alcuni studenti americani fanno delle domande al conferenziere.

— Signor Martelli, ora che l'anno scolastico è finito che cosa farà?
— Ritornerò in Italia. Infatti partirò fra quattro giorni. 10
— Dove andrà?
— A Bologna. Poi, dopo una breve vacanza al mare, spero di ricominciare a lavorare.
— Quando è arrivato in Amèrica?
— Circa nove mesi fa. 15
— È venuto per conto Suo, o con un gruppo di studenti italiani?

— Sono venuto per conto mio. Ho ricevuto una borsa di studio da un comitato internazionale.

— Che cosa ha studiato durante quest'anno qui all'Università di Chicago?

5 — Ho seguito due corsi sulla politica degli Stati Uniti negli ultimi quarant'anni. Spero di scrivere diversi articoli su questo soggetto quando ritornerò in Italia.

— Cosa pensa degli studenti americani?

— Li trovo molto ben preparati e pieni di entusiasmo. 10 Sono molto diversi dagli studenti italiani.

— In che senso?

— Gli studenti italiani di solito hanno una migliore preparazione storica, ma l'orientamento degli studenti americani è molto piú aggiornato e pratico.

15 — Crede che ritornerà negli Stati Uniti?

— Sí. Spero di ritornare fra qualche anno.

— A nome del Circolo Italiano grazie, signor Martelli, e buon viaggio!

— Grazie, e spero che voi tutti visiterete presto il mio paese.

7

ROMA: PIAZZA DI SPAGNA

Studenti italiani negli Stati Uniti

Una volta gli studenti americani andavano in Europa per completare gli studi nelle università del vecchio mondo. Oggi la situazione è molto cambiata e migliaia di studenti stranieri vengono a continuare gli studi nelle università americane. **4**
5 Elio Martelli è appunto uno studente italiano, e uno dei numerosi studenti stranieri negli Stati Uniti.

Le ragioni di questa nuova situazione sono diverse: fra queste, molto importante è senza dubbio l'enorme progresso tecnico-scientifico degli ultimi cinquant'anni che ha avuto
10 luogo particolarmente negli Stati Uniti. Un'altra ragione è l'alto costo delle ricerche scientifiche. Contrariamente agli Stati Uniti, che è un paese molto ricco, molte nazioni non hanno i mezzi per poter fare ricerche che richiedono milioni di dollari.

15 Ancora oggi molti studenti americani, particolarmente quelli di storia, di archeologia, e di arte, continuano a visitare l'Europa e specialmente l'Italia. Ma evidentemente oggi la cultura e l'organizzazione sociale di quasi tutti i paesi del mondo richiedono una conoscenza e una preparazione tecnica
20 molto vasta, e gli Stati Uniti hanno la possibilità di aiutare le altre nazioni. Perciò migliaia di studenti stranieri vengono ogni anno in America a studiare medicina, ingegneria, commercio, scienze sociali e tecnologiche.

Questi scambi di studenti tra nazione e nazione hanno una
25 grande importanza culturale. Ma forse anche più importante è il fatto che questi giovani sono i migliori ambasciatori di pace e di comprensione tra i diversi paesi del mondo.

In aviogetto
da Nuova York a Milano

5
L'aviogetto della compagnia italiana Alitalia sta per partire
dall'aeroporto di Nuova York per Milano. I passeggeri sono
tutti a bordo; molti sono già seduti, e alcuni cercano un posto.
Roberto Hamilton è già seduto e aspetta impazientemente la
partenza quando un giovanotto dice: 5
— Scusi, è occupato questo posto?
— No, s'accomodi!
— Grazie. Mi chiamo Elio Martelli.
— Piacere! Ed io sono Roberto Hamilton.
— Ah! È americano! Ho parlato in italiano perché...   10
— Non importa. Anzi mi fa piacere perché vado in Italia
a studiare e devo assolutamente migliorare la mia conoscenza
dell'italiano.
— Ma Lei già lo parla bene. Dunque, va in Italia a stu-
diare! È una strana combinazione perché io ho studiato in   15
America per nove mesi.
— Davvero? E dove ha studiato?
— All'Università di Chicago. Mi sono laureato all'Uni-
versità di Bologna l'anno scorso e ho ricevuto una borsa di
studio per l'America.   20
— E che cosa ha studiato?
— Economia politica. E Lei che cosa studierà in Italia?
— Pittura. Ho studiato all'Università di Stanford e vado
a Roma per un anno, all'Accademia di Belle Arti.

— Benissimo. Ma scusi, Lei parla molto bene l'italiano! Dove l'ha imparato?

— Lei è troppo gentile! L'ho studiato a scuola, ma l'ho imparato anche dal mio maestro di pittura, Fulvio Ferri, e specialmente da mia madre che è italiana. È stato il maestro Ferri che mi ha consigliato di andare all'Accademia di Belle Arti di Roma e che mi ha raccomandato per la borsa di studio.

— Fulvio Ferri è stato il Suo maestro di pittura? È un pittore molto conosciuto. Ora ricordo che è in America.

— Sí, è venuto in America due anni fa.

I due giovani continuano a parlare mentre l'aviogetto vola sull'Atlantico. Dopo alcune ore di volo Roberto nota che tutti i passeggeri guardano dal finestrino e domanda a Elio:

— Perché tutti i passeggeri guardano dal finestrino?

— Perché voliamo sulle Alpi. Fra poco saremo a Milano.

LE ALPI

I due giovani restano al finestrino a guardare per diversi minuti il panorama meraviglioso. Elio, che ha già volato sulle Alpi altre volte dà delle indicazioni a Roberto. Sono tutti e due pressappoco della stessa età. Elio avrà 24 (venti-quattro) anni e Roberto avrà forse un anno di meno. Elio 5 è di statura media, ha i capelli castani e due occhi neri che sembrano sorridere sempre nella faccia tonda e gioviale. Roberto è alto, magro, ha la faccia lunga, i capelli biondi e corti, e gli occhi azzurri, un po' timidi.

— Signorina, quando arriveremo a Milano? — domanda 10 Roberto alla "hostess" che in questo momento serve il caffè ai passeggeri.

— Alle sei — risponde la "hostess".

— Lei si ferma per qualche giorno a Milano? — Roberto domanda a Elio. 15

— Sí, io abito a Bologna ma resterò a Milano tre giorni. Ho una zia a Milano e starò a casa sua.

— Io vado all'albergo Colonna; lo conosce?

— Sí, molto bene. È proprio al centro vicino al Duomo e alla Galleria. Perché non c'incontriamo? Io conosco molto 20 bene Milano.

— Grazie, accetto con piacere.

— Benissimo. All'aeroporto, dopo la visita doganale ci daremo un appuntamento.

L'aviogetto ha già incominciato a discendere. Roberto 25 vede dal finestrino le prime case della città e, in lontananza, il Duomo che spicca sugli altri edifici con le sue mille guglie. In pochi minuti l'aeroplano è sull'aeroporto e atterra; le ruote toccano la pista con una lieve scossa e finalmente l'aereo si ferma. 30

— "Siamo arrivati" — pensa Roberto — "finalmente sono arrivato in Italia."

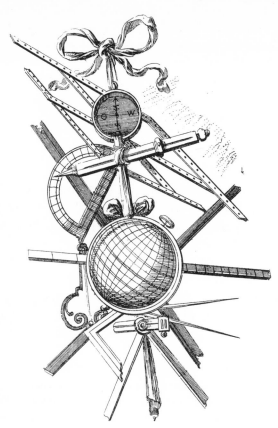

Un po' di geografia

L'Italia è una penisola che ha un aspetto caratteristico: infatti se guardiamo una carta geografica dell'Italia notiamo subito che ha la forma di uno stivale. L'Italia è relativamente piccola: ha una superficie che è due terzi quella della
5 California. Con la Sicilia e la Sardegna, ha una superficie di 116,216 (cento sedici mila duecento sedici) miglia quadrate.

Al nord un'alta catena di monti, le Alpi, separa l'Italia dal resto dell'Europa. Questa è la catena di monti che
10 Roberto Hamilton ha attraversato in aeroplano. Ai piedi delle Alpi c'è la valle del Po, che è una grande pianura e una regione molto fertile. Al sud di questa valle c'è un'altra catena di monti, gli Appennini, che attraversa tutta la penisola dal nord al sud. Dunque, con l'eccezione della
15 valle del Po, l'Italia è un paese prevalentemente montuoso.

6

L'Italia è una lunga penisola: circa 750 (settecento cinquanta) miglia. La larghezza della penisola varia da 390 (trecento novanta) miglia nella valle del Po, a 25 (venticinque) miglia in Calabria.

All'ovest, al sud e all'est, l'Italia è circondata dal mare: dal Mare Tirreno, dal Mare Ionio e dal Mare Adriatico. La costa del Mare Tirreno è rocciosa e ha i due principali porti italiani: Genova e Napoli. La costa del Mare Adriatico, invece, è ricca di spiagge famose come il Lido di Venezia, Riccione, e Rimini.

Nella valle padana troviamo il principale fiume italiano: il Po, che va dalle Alpi al Mare Adriatico. Altri fiumi importanti sono: l'Adige, che è anche nella valle padana; l'Arno, che passa per Firenze e Pisa; e il Tevere, che passa per Roma. Ai piedi delle Alpi ci sono il famoso Lago di Como, il Lago Maggiore e il Lago di Garda.

L'Italia ha due grandi isole: la Sicilia e la Sardegna, e molte piccole isole: fra queste ci sono Capri, Ischia, e l'Isola d'Elba, che sono molto belle e che hanno grande importanza come centri di turismo. In Italia ci sono anche tre vulcani: il Vesuvio, nel golfo di Napoli; l'Etna in Sicilia, e lo Stromboli nell'isola dello stesso nome.

L'Italia è situata in una zona temperata, e grazie alla sua forma geografica le Alpi la proteggono dai venti del nord, e il mare attenua il freddo dell'inverno. Ma il clima varia molto dal nord al sud, e anche da una regione all'altra. Nell'inverno, in generale, il clima è freddo nella valle del Po e nell'Italia del nord e centrale: ma lungo la riviera, all'est e all'ovest di Genova, l'inverno è mite. E l'inverno è mite anche lungo la costa napoletana e in Sicilia. L'estate è calda e asciutta, ma molto piacevole lungo la costa e nelle Alpi e negli Appennini.

14

Gl'Italiani dividono il loro paese in tre parti: l'Italia settentrionale (o del nord), l'Italia centrale, e l'Italia meridionale (o del sud). Questa divisione non è una vera divisione geografica, ma poiché l'Italia è lunga, è comodo dividere la penisola in tre parti.

Amministrativamente l'Italia è divisa in regioni, e le regioni sono divise in provincie. Le regioni dell'Italia settentrionale — il Piemonte, la Lombardia, la Liguria, l'Emilia e le regioni venete — sono regioni agricole e industriali, e sono quindi molto prospere. Milano e Torino, i due grandi centri industriali dell'Italia, sono in questa zona. Le regioni dell'Italia centrale — la Toscana, l'Umbria, le Marche, il Lazio, gli Abruzzi e il Molise — sono essenzialmente agricole. Le regioni dell'Italia meridionale sono principalmente agricole. La Campania è molto fertile, e anche nelle Puglie l'agricoltura è molto sviluppata. Ma nella Basilicata e nella Calabria il livello di produzione agricola è ancora molto basso. La Sicilia e la Sardegna fanno parte dell'Italia meridionale, e anch'esse sono principalmente zone agricole.

Come abbiamo veduto i confini naturali dell'Italia coincidono quasi perfettamente con i confini politici, ma è importante notare che nell'Italia settentrionale c'è anche la piccola Repubblica di San Marino, e nell'Italia centrale, e più precisamente dentro Roma, c'è la Città del Vaticano, che sono stati indipendenti.

All'aeroporto di Milano

La sala della dogana all'aeroporto di Milano è affollata. Tutti i passeggeri dell'aereo che è arrivato da Nuova York aspettano il loro turno per l'ispezione dei bagagli. Roberto Hamilton ha aperto le sue valige e aspetta pazientemente. Finalmente
5 una guardia doganale si avvicina e domanda:
— Ha sigarette, tabacco . . . ?
— Solamente dieci pacchetti di sigarette.
— Che cosa c'è in questa valigia?
— Effetti personali, abiti, camicie. . . .
10 — E in quest'altra valigia?
— Pennelli e colori. Sono pittore.
— Ah, capisco. Benissimo, allora. L'uscita è a destra.
— Grazie.
Roberto chiude le valige e si avvia verso l'uscita dove
15 vede Elio che l'aspetta.
— Com'è andata l'ispezione? — domanda Roberto.
— Bene. La guardia è stata molto gentile. Ha guardato solamente in una valigia. E la Sua ispezione com'è andata?
— Molto bene; per gli stranieri l'ispezione doganale è
20 una semplice formalità.
I due giovani si avviano verso l'uscita. Fuori c'è una grande confusione di automobili, tassí e autobus. Ma Elio conosce la strada. Roberto lo segue e in pochi minuti sono vicino a un autobus.
25 — Ecco l'autobus che va in città — dice Elio.
I due giovani montano sull'autobus che parte subito. Roberto guarda tutto con curiosità e ogni tanto domanda qualche cosa a Elio.
— Dove si ferma l'autobus, signor Martelli?

— Vicino a Piazza del Duomo, proprio al centro della città — risponde Elio.

— Allora c'incontriamo domani per colazione?

— Senz'altro! Sarò al Suo albergo a mezzogiorno; faremo colazione e dopo faremo un giro per il centro e visiteremo qualche posto interessante. A proposito, quanto tempo resterà a Milano?

— Veramente devo ancora decidere, forse due o tre giorni.

— E dopo dove va?

— Dopo vado a Firenze.

— Ma allora perché non mi accompagna fino a Bologna? Ho una piccola Fiat. L'ho lasciata a casa di mia zia durante la mia assenza. Un viaggio in automobile sarà molto interessante per Lei. Io partirò fra tre giorni.

— Lei è veramente molto gentile. È impossibile rifiutare.

— Benissimo, allora siamo d'accordo.

L'autobus è quasi arrivato a destinazione e ora procede lentamente per le vie del centro che sono affollate di persone e di macchine. Roberto osserva questo spettacolo con grande interesse perché lo trova cosí differente. L'autobus entra in Piazza del Duomo e Roberto vede il Duomo in tutta la sua bellezza.

— È proprio una chiesa magnifica — dice con meraviglia.

L'autobus si è fermato. I due giovani scendono.

— L'albergo Colonna è molto vicino; è proprio lí. Lo vede? — e Elio lo indica a Roberto. — Invece mia zia abita lontano — continua Elio — e devo prendere un tassí.

— Allora ci vediamo domani a mezzogiorno.

— Sí. Arrivederla signor Hamilton, a domani.

— Arrivederla signor Martelli, e grazie, grazie di tutto.

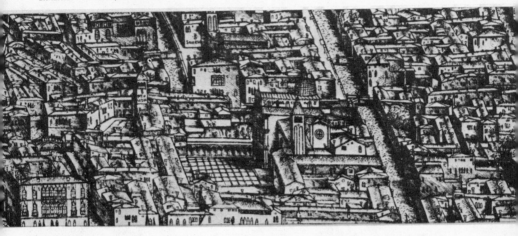

Le città italiane

8

La civiltà italiana è essenzialmente urbana. Questo è un fatto che è facile verificare, basta consultare una carta geografica dell'Italia. Notiamo immediatamente che il numero di città grandi e piccole è veramente straordinario per un paese della grandezza dell'Italia, e che ciascuna regione ha vari centri piú o meno importanti.

Alcune città italiane sono vere metropoli: Roma, la capitale moderna e la capitale dell'antico Impero Romano ha piú di due milioni di abitanti; Milano, il grande centro industriale, e Napoli, uno dei grandi porti del Mediterraneo hanno piú di un milione di abitanti. Ma vi sono molte altre grandi città con una popolazione che o oltrepassa o si avvicina al mezzo milione di abitanti: Torino, uno dei centri della moda italiana; Venezia, la città dei canali; Firenze, la culla del Rinascimento; Genova, uno dei due grandi porti italiani; Palermo, capitale della Sicilia, e altre.

ROMA

Naturalmente in Italia ci sono, poi, molte piccole città e molti paesi. Fra le numerose piccole città che abbelliscono il paesaggio italiano, occupano un posto speciale quelle dell'Italia centrale e meridionale, quali Perugia, Assisi, Viterbo, Orvieto, Siena, Tivoli, e molte altre. Alcune di queste cittadine sono situate sulla cima o sulla costa di una collina o di un monte e presentano un colpo d'occhio pittoresco.

Anche se l'aspetto di alcune città italiane è moderno, l'origine di quasi tutte è antica. Una caratteristica delle città e dei paesi italiani che lo straniero nota immediatamente, è che le case sono di pietra; esse sono, quindi, molto solide e durature. È per questa ragione che l'aspetto di molte città e di molti paesi non è cambiato molto attraverso i secoli.

ASSISI

22

Se diamo un altro sguardo alla carta geografica osserviamo che molte città sono situate sul mare: Genova, Napoli, Reggio Calabria, Messina, Palermo, Siracusa, Cagliari, Taranto, Bari, Venezia... Altre sono all'interno, ma data la configurazione geografica della penisola, tutte sono più o meno vicine al mare.

Ciò che colpisce subito il viaggiatore è la varietà delle città italiane: ciascuna città ha qualche caratteristica che la distingue dalle altre. Infatti, in Italia non vi sono due città identiche. Questa varietà è una delle bellezze dell'Italia. E questo è vero non solo delle città, ma del paesaggio, dei costumi, dei tipi etnici, e della storia. Sí, proprio della storia: infatti la storia dello stivale è come un vasto affresco dove sono rappresentate le varie storie delle numerose città. Per molti secoli la storia d'Italia non è stata la storia di una nazione unita, ma la storia di numerose città e di piccoli stati indipendenti. Ciascuna città italiana ha una storia indipendente e interessante. È soltanto nel secolo scorso che politicamente l'Italia diventa una nazione vera e propria con un governo centrale per l'intero paese.

Un appuntamento nella

Galleria di Milano

9

Elio Martelli ha mantenuto la promessa ed è andato all'albergo di Roberto Hamilton. Ha portato anche una cugina, Nanda Ageno. La cugina ha studiato l'inglese al Ginnasio e lo parla abbastanza correntemente, anche se non ha avuto molte occasioni di conversare fuori di classe. È una signorina di diciassette anni, alta, con i capelli castani, gli occhi neri, ed è vivace e allegra.

I tre giovani hanno visitato il Duomo, la bella cattedrale gotica ricca di statue e di guglie, ed ora sono seduti al tavolino di un caffè nella Galleria.

Elio — Basta con l'inglese, Nanda! Roberto non è venuto in Italia per insegnare l'inglese!

Nanda — Hai ragione. E poi vi confesso che sono stanca di questa ginnastica mentale...ci sono troppe parole che devo ancora imparare.

Roberto — Continueremo domani quando visiteremo la Pinacoteca di Brera. Non vedo l'ora di entrare nella sala dov'è lo *Sposalizio della Vergine* di Raffaello.

Nanda — Domani è domenica e l'entrata è gratuita, ma bisognerà andare presto perché la Pinacoteca è chiusa nel pomeriggio.

Elio — Io, ogni volta che mi fermo a Milano, sento il bisogno di entrare nel Duomo per qualche minuto.

Roberto — Ha ragione. È molto bello. E molto belle sono anche le vetrate a colori.

Nanda — Ha notato le guglie e le statue?

Roberto — Sí. Sono andato sul tetto che è tutto di marmo.

Elio — E ora perché non andiamo a vedere *L'Ultima Cena* di Leonardo da Vinci nella chiesa di Santa Maria delle Grazie?

Roberto — Benissimo. È lontano?

Nanda — Non molto lontano; e poi, oggi è una bella giornata e se andiamo a piedi Lei osserverà molto meglio questa grande città.

Roberto — È vero. Dopo la visita a Santa Maria delle Grazie ritorneremo qui? Questa Galleria è veramente affascinante: negozi, caffè di ogni specie... e quanta gente!

Elio — È il ritrovo preferito di scrittori, cantanti, commercianti . . . È sempre cosí, anche quando piove, perché, come vede, è tutta coperta.

Roberto — Sí. C'è molta luce. Nell'interno del Duomo, invece, c'è poca luce; ma è cosí in quasi tutte le cattedrali

Nanda — È naturale! In chiesa la luce non è molto importante. Andiamo in chiesa per pregare e non per leggere il giornale come nella Galleria!

LEONARDO DA VINCI: L'ULTIMA CENA (DETTAGLIO) *Anderson Photo*

I giovani sono usciti dalla Galleria e passano davanti al Teatro della Scala.

Roberto — Non è il Teatro della Scala quell'edificio? L'ho veduto in varie fotografie.

Nanda — Ha ragione. Ma, di solito, lo chiamiamo semplicemente La Scala.

Roberto — Che cosa danno ora?

Elio — Niente. Non è lo stesso anche in America? Danno opere al Metropolitan di New York durante l'estate?

Roberto — No; ha ragione.

Nanda — Durante l'estate qui in Italia danno delle opere all'Arena di Verona e alle Terme di Caracalla a Roma.

Roberto — C'è sempre tanto traffico a Milano? Automobili, motociclette, biciclette, pedoni!

Elio — Sí. Milano è un grande centro commerciale e industriale; e poi è anche un centro di comunicazione con i paesi dell'Europa centrale.

Nanda — Tutti gli anni, in aprile, qui a Milano c'è la famosa Fiera Campionaria Internazionale. La conosce?

Roberto — No. È una fiera grande?

Elio — Sí. Anche gli Stati Uniti partecipano a questa Fiera con i loro prodotti.

Nanda — Ecco. Quị c'è un semạforo. Attraversiamo?

Roberto — Certo! ... Ora non ho tempo, ma ritornerò a Milano perché desịdero visitare il Lago di Como e il Lago Maggiore. Porterò i miei pennelli e i miei colori e dipingerò.

5   *Nanda* — Ecco Santa Maria delle Grạzie.

SCENA DELL'OPERA RIGOLETTO

Da Milano a Bologna in automobile

10

È una bella giornata di luglio. Elio è andato all'albergo di Roberto ed i due giovani sono partiti per Bologna. Mentre la macchina di Elio corre velocemente per la campagna, Roberto si volta indietro per guardare ancora una volta il Duomo che diventa sempre piú piccolo e finalmente scompare all'orizzonte. 5

La macchina di Elio è una piccola Fiat 850 (ottocento cinquanta); non è nuova, ma è in ottime condizioni. Invece di prendere l'autostrada, Elio ha preferito prendere la vecchia strada perché è piú pittoresca. La strada che seguono 10 non è molto larga e corre diritta per la pianura padana. C'è molto traffico e spesso Elio rallenta e procede lentamente dietro a un autotreno o a un camion mentre aspetta l'occasione per sorpassare. In Italia, come nel resto dell'Europa, le automobili sono diventate molto numerose in questi 15 ultimi anni. Questa è naturalmente una bella cosa e un segno di progresso, ma allo stesso tempo presenta numerosi e gravi problemi. Mentre il numero delle automobili è aumentato considerevolmente, la costruzione di nuove strade non ha progredito dello stesso passo. Cosí ci sono troppe automobili e non abbastanza strade. Ma questo è un problema che riscontriamo non solo in Italia, ma anche negli altri paesi d'Europa e negli Stati Uniti. In Italia hanno cercato di risolvere questo problema con la costruzione di numerose autostrade. Bellissima è l'Autostrada del Sole che attraversa la penisola del nord al sud, da Milano a Reggio in Calabria.

TORINO: LA COMPAGNIA FIAT

Tra tutte le automobili italiane le piú numerose sono certamente le Fiat. La compagnia Fiat (Fabbrica italiana automobili Torino) ha una grande fabbrica moderna a Torino, e non solo occupa il primo posto nella vendita d'automobili in Italia, ma esporta anche un numero considere- 5 vole di macchine all'estero. Altre macchine popolari in Italia sono l'Alfa Romeo e la Lancia. Tra le macchine da corsa gl'Italiani fabbricano delle automobili famose in tutto il mondo, come la Ferrari e la Maserati.

Da Milano a Bologna i due giovani seguono la Via 10 Emilia, un'antica via costruita secoli fa dai Romani, che sono restati famosi per le loro strade, uno dei segni piú duraturi della loro civiltà. La distanza tra Milano e Bologna è relativamente breve: 135 (cento trentacinque) miglia, e la strada è tutta in pianura perché corre ai piedi degli Appennini ma 15 non li attraversa. I due amici sono passati per Piacenza, dove hanno attraversato il Po, e hanno proseguito per Parma dove hanno fatto colazione e dove hanno fatto una breve escursione per visitare la Certosa, un antico monastero. Da Parma hanno continuato verso Modena e qui si sono fermati ad una 20 stazione di servizio per comprare della benzina. In Italia, come negli Stati Uniti, ci sono numerose stazioni di benzina moderne: alcune stazioni hanno anche docce e camere per i viaggiatori. Elio ha spiegato a Roberto che l'Italia importa molta benzina e petrolio dall'estero, ma che ha cominciato 25 a servirsi di benzina di produzione nazionale, e infatti Roberto ha notato non solo molte stazioni con nomi noti, ma anche alcune con nomi nuovi.

Durante il viaggio Elio e Roberto hanno parlato un po' di tutto, ma ora viaggiano in silenzio. Il sole è già basso 30 sull'orizzonte quando vedono in lontananza una città con due alte torri. "Ecco Bologna," dice Elio, e rallenta.

BOLOGNA: LA TORRE DEGLI ASINELLI

Arrivo a Bologna

Sono le sei e mezza del pomeriggio. L'automobile di Elio è
arrivata alle porte di Bologna, e procede per una delle vie
della città.

    — Tante grazie Elio, ma perché non mi lasci a un albergo?
5 Perché vuoi disturbare i tuoi genitori?

    — Ma no! Ti ho invitato a casa perché abbiamo una
camera libera. È la camera di mio fratello, ma lui è in
vacanza a Forte dei Marmi e non ritornerà fino a settembre.
Ecco il centro della città. Vedi quelle torri pendenti? Sono
10 le torri Garisenda e Asinelli. Sono due torri medioevali.
Nel Medioevo a Bologna c'erano molte torri.

11

— Quanti portici! Quasi ogni palazzo ha un portico.

— Sono molto comodi. Durante l'estate riparano dal sole, e nell'inverno riparano dalla pioggia e anche un po' dal vento. Come vedi, sotto ai portici ci sono dei negozi. Hai notato che le vie sono piuttosto strette?

— Sí. Questa per cui passiamo ora dev'essere come era tre o quattro secoli fa. È una città affascinante.

— Domani ti mostrerò l'antica università e la chiesa di San Petronio. Ecco Via Zamboni, e questa è l'entrata del palazzo in cui abitiamo.

— La tua 850 (ottocento cinquanta) ha camminato veramente bene. Ecco le valigie: questa è la tua e queste due sono le mie. A che piano abiti?

— Al quarto, ma c'è l'ascensore. Come vedi qui in Italia, con l'eccezione di poche famiglie ricche che hanno una villa in periferia, abitiamo tutti in appartamenti. I palazzi hanno di solito cinque o sei piani, e a ogni piano ci sono due o piú appartamenti. Al pian terreno c'è un appartamento per la famiglia del portiere. Il portiere, o sua moglie, spazza le scale, distribuisce la posta, e la sera alle dieci chiude il portone, cioè la grande porta sulla via . . . Ecco il quarto piano.

— Numero otto. È il vostro appartamento?

— Sí. . . . Non risponde nessuno. Mio padre sarà in ufficio, e mia madre dev'essere uscita con la cameriera a fare la spesa. Fortunatamente ho la chiave in una tasca della valigia.

— Ma non hai mandato un telegramma a tua madre?

— No, non le ho mandato un telegramma perché volevo fare una sorpresa a tutti. Ecco la chiave.

Elio apre la porta e i due giovani entrano.

— È un appartamento molto elegante. Quante stanze ci sono? — domanda Roberto.

— Dunque, c'è la cucina, la sala da pranzo, un piccolo salotto, tre camere e il bagno. Questa è la tua camera. Ti assicuro che il letto è comodo. Questo mobile con un lungo specchio è l'armadio.

— Già, in Italia l'armadio è un mobile, non avete armadi a muro come li abbiamo in America.

— Non c'è molta luce perché le persiane sono chiuse, ma le apro subito.

— Non importa. È già quasi notte.

— È vero. Allora possiamo andare in salotto e aprire il televisore. Vuoi vedere il telegiornale?

L'UNIVERSITÀ DI BOLOGNA

— È un'ottima idea . . . È bello questo televisore. È americano?

— No, è una marca italiana.

— Avete molti canali qui a Bologna?

5   — No, due soltanto. Per ora in Italia ci sono due canali:
il Canale Nazionale e il Secondo Canale.

— Mi hanno detto che pagate una tassa sul televisore
ogni anno.

— È vero. Il telegiornale è già incominciato.

10   — L'annunciatore non è né bolognese né milanese. È
fiorentino?

— No, è romano. Dunque hai notato che c'è una certa
differenza di accento da una città all'altra qui in Italia.

— Sí. Ho notato a Milano che il tuo accento non era
15 come quello dei Milanesi.

— È vero. È un fenomeno che noterai a Firenze, a Roma
e nelle altre città. . . . È entrato qualcuno in casa.

— Sarà tua madre con la cameriera.

— Vado a vedere.

FIRENZE: NETTUNO, PIAZZA DELLA SIGNORIA

Lingua e dialetti

Come abbiamo veduto in un capitolo precedente, l'Italia è
un paese piuttosto piccolo: la popolazione, però, è assai
grande, circa 52 milioni. In Italia non c'è uniformità etnica:
non c'è oggi, e non c'è stata mai. Già in tempi remoti no-
5 tiamo una certa suddivisione di razze: nell'Italia settentrionale i Liguri e i Veneti; nell'Italia centrale e meridionale
gli Etruschi, gli Umbri, e i popoli Italici. Un po' piú tardi,
poi, troviamo i Celti e i Galli nel nord, e i Greci nel sud.
Fu Roma, con la sua forza politica e militare, che a un certo
10 momento riuscí a dare unità a una varietà cosí grande di tipi
etnici.

L'Italia è stata invasa molte volte, dal nord e dal sud,
dall'inizio della storia fino alla Seconda Guerra Mondiale.
Con la caduta dell'Impero Romano incominciarono le inva-
15 sioni che durarono molti secoli, e che portarono nella penisola italiana gli Ostrogoti, i Vandali, i Longobardi, i Saraceni,
i Normanni, ecc. Mancò un governo centrale, e questo facilitò
la suddivisione della penisola in regioni.

12

Come non c'è unità etnica, in Italia non c'è nemmeno
perfetta unità linguistica. Roberto ha notato che i Milanesi,
i Bolognesi e i Romani, per esempio, parlano italiano con
un accento un po' diverso. Ma questo non è tutto. Oltre
alla lingua italiana che tutti parlano, in Italia ci sono anche   5
i dialetti.

La lingua italiana è una lingua romanza, cioè è una delle
lingue che derivano dal latino, la lingua dell'antica Roma.
Lingue romanze sono anche il francese, lo spagnolo, il portoghese e il rumeno.   10

Come abbiamo detto, tutti gl'Italiani parlano italiano:
ma è importante ricordare che molti Italiani sono bilingui,
perché oltre all'italiano parlano anche un dialetto. Abbiamo
veduto che l'Italia è divisa in regioni: in generale, ogni
⁵ regione ha il suo dialetto, che in molti casi è assai diverso
dall'italiano. Di modo che, un piemontese parla italiano
ma parla anche il dialetto del Piemonte, cioè il piemontese.
Un veneziano parla italiano ma anche il dialetto di Venezia, cioè il veneziano; un napoletano parla italiano e
¹⁰ anche il dialetto di Napoli, cioè il napoletano, ecc. Alcuni

dialetti si somigliano tra loro: per esempio il toscano e l'umbro; altri sono molto differenti: per esempio il napoletano e il lombardo.

I dialetti si formarono molti secoli fa quando l'Italia non era un paese unito e quando le comunicazioni da un luogo all'altro della penisola non erano facili. Questa suddivisione linguistica dell'Italia rispecchia in un certo modo la divisione geografica e storica della penisola. Il dialetto della Toscana, specialmente il fiorentino, si affermò assai presto come lingua letteraria perché molti dei grandi scrittori italiani — Dante Alighieri, Giovanni Boccaccio, Francesco Petrarca e altri — scrissero le loro opere essenzialmente nella lingua della loro patria, cioè Firenze.

I dialetti italiani hanno delle radici molto profonde, ma è difficile dire fino a quando sopravviveranno nel mondo moderno; un mondo di facili comunicazioni in cui la scuola, la radio, la televisione e il cinema, tendono a creare uniformità di costumi e di lingua.

ANDREA DEL CASTAGNO: DANTE, PETRARCA E BOCCACCIO   *Anderson Photo*

Alla stazione di Bologna

13

È ormai arrivato il momento della partenza da Bologna. Roberto e Elio sono alla stazione davanti all'edicola dei giornali.

— Che cosa mi consigli di prendere? — domanda Roberto.

— Ci penso io — risponde Elio, e sceglie un giornale e 5
due riviste.

— Ecco — dice poi a Roberto — *Il Resto del Carlino* e due riviste che troverai interessanti.

— Grazie Elio. *Il Resto del Carlino* sembra un nome strano per un giornale. 10

— Sí è vero! È un vecchio giornale bolognese. Si chiama cosí perché una volta lo compravano con il resto che rimaneva di una moneta che si chiamava "Carlino" — spiega Elio.

— È interessante. Sono già le quattro e mezza, il treno arriverà fra cinque minuti; andiamo? 15

I due giovani attraversano una cancellata dove c'è una targa che dice "Ai treni" e si fermano al binario numero 3.

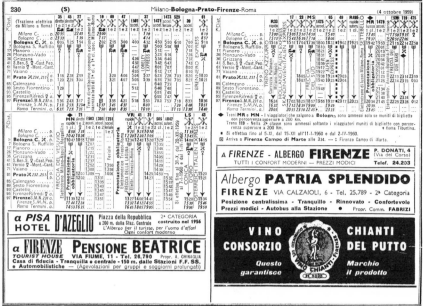

— Ecco il treno — dice Elio.

— Allora... arrivederci Elio, e di nuovo grazie della tua ospitalità e di tutte le gentilezze.

— Ma ti pare!

5 — Allora, ci vedremo a Roma. Mi hai promesso di ricambiare la visita a Roma.

— Certo. Ci rivedremo in primavera.

(Una voce) In carrozza!

— Ciao Elio, tante grazie anche ai tuoi genitori!

10 — Arrivederci e buon viaggio.

Roberto sale in treno e dopo un ultimo saluto a Elio cerca un posto. Immediatamente Roberto nota che i treni italiani sono molto diversi da quelli americani. Sapeva già che in Italia i treni sono divisi in classi. Una volta c'erano

15 tre classi ma ora ci sono solamente la prima e la seconda classe. Non sapeva però che tutte le carrozze dei treni italiani hanno un corridoio da un lato e che sono divise in scompartimenti. Un'altra cosa che colpisce Roberto sono i finestrini. Nei treni americani questi sono sempre chiusi mentre nei

20 treni italiani i passeggeri li possono aprire. Roberto entra in uno scompartimento dove ci sono due passeggeri, un uomo di circa cinquant'anni e una signora, e si siede.

43

— Scusi, non ha per caso un orario? — domanda il signore a Roberto.

— No, mi dispiace — gli risponde Roberto.

— Avevamo un orario, ma mia moglie lo ha perduto — dice il signore con un'aria annoiata. 5

— Non l'ho fatto apposta — interrompe la signora. Poi a Roberto — Cosa vuole...con tante valige e tutti questi giornali.... Bisognava prendere un facchino.

In questo momento entra il controllore:

— Biglietti, signori, per favore. 10

Quando il controllore esce Roberto apre il giornale, ma ha appena incominciato a leggere quando il signore incomincia a parlare.

— Siamo stati a Como in vacanza; è un posto incantevole.

E per dieci minuti descrive le bellezze di Como. Roberto 15 ascolta pazientemente e poi cerca di nuovo di leggere il giornale, ma il signore appena ha finito di parlare di Como incomincia a parlare di una lunga galleria sotto gli Appennini che il treno ha attraversato proprio allora. Dopo la galleria vengono la politica, il tempo, ecc. Finalmente la signora, 20 che poco prima dormiva, domanda:

— Che ore sono?

— Sono le 5:35. Saremo a Firenze fra dieci minuti — le risponde il marito. — Dobbiamo preparare le valige.

— E questa volta prenderemo un facchino — dice la mo- 25 glie con un tono di comando.

Roberto si alza e prende le sue valige.

— È stato un viaggio breve ma interessante. Grazie della compagnia.

— Prego, prego — risponde il signore. — Grazie a Lei e 30 arrivederLa.

— Buona sera, Signora.

— Buona sera.

Roberto esce nel corridoio e si ferma davanti a un fine- strino. Il treno è quasi a Firenze e Roberto vede il Duomo 35 e il campanile di Giotto che riconosce subito perché li ha visti tante volte in fotografia. Poi ripensa ai suoi compagni di viaggio e sorride.

— Meno male che Elio mi ha comprato il giornale e le riviste — pensa — li ho letti con grande piacere e non mi sono 40 annoiato — E di nuovo sorride.

Un po' di storia

DALL'ANTICA ROMA AL SECOLO DICIOTTESIMO

14 Roberto ha facilmente riconosciuto il Duomo e il Campanile di Giotto. Questi due edifici, noti in tutto il mondo, sono simboli di Firenze, una città che occupa un posto speciale nella storia della civiltà occidentale perché fu il centro del Rinascimento. Come abbiamo già veduto, la storia d'Italia ⁵ è la storia di molte città, piuttosto che la storia di una nazione, e tra le città italiane Firenze è stata per secoli molto importante, forse quanto Roma.

OSTIA ANTICA: DECUMANUS MAXIMUS

Roma, il centro della civiltà romana, dominò per molti secoli tutto il mondo, e la lingua, i costumi, le leggi, l'architettura di Roma diventarono comuni in tutto l'occidente. L'avvento del Cristianesimo e la caduta dell'Impero Romano cambiarono la storia di Roma. Il centro del potere politico si 5 spostò a Costantinopoli ma Roma diventò la sede principale della nuova religione cristiana.

Durante il Medioevo, il periodo che va dal secolo VI (sesto) al secolo XIII (tredicesimo), Roma continuò a dominare su tutto l'occidente con il suo potere religioso, ma politi- 10 camente in Italia assistiamo al sorgere dei Comuni e delle repubbliche italiane. Il Comune, un'istituzione prettamente italiana, era una città libera governata da uno o più individui eletti dal popolo. Non ci fu più una storia d'Italia, ma la storia di Genova, Milano, Venezia, Firenze, Amalfi, Roma, 15 ecc. Le invasioni alterarono l'eredità romana della penisola, ma non totalmente, e il Comune, basato su tradizioni di vita urbana e latina, si sviluppò in opposizione alla civiltà degl'invasori che era essenzialmente feudale.

Verso la fine del Medioevo i Comuni cambiarono ca- 20 rattere e durante il periodo che seguí, cioè il Rinascimento, essi diventarono Signorie. Essenzialmente questo cambiamento consisté nell'abbandono d'istituzioni libere a favore di forme di governo autocratiche. Il capo del nuovo stato fu il Signore o il Principe. Culturalmente il Rinascimento 25 fu un periodo glorioso nella storia d'Italia, ma politicamente ebbe risultati negativi perché la divisione in tanti piccoli stati portò alla dominazione straniera. Cosí durante il periodo barocco (secolo diciassettesimo) e il periodo dell'illuminismo (secolo diciottesimo) l'Italia sotto la dominazione dei Francesi, 30 degli Spagnoli, e degli Austriaci, si trovò ridotta ad una posizione secondaria.

ROMA: MONUMENTO A VITTORIO EMANUELE

Un po' di storia

DAL SECOLO DICIOTTESIMO AI NOSTRI GIORNI

15 Ma anche in questo periodo Roma attraverso il papato continuò ad essere il centro spirituale del mondo cattolico e in effetto uno stato, e come tale ebbe una politica di espansione territoriale. La Riforma protestante fu la piú vigorosa forza religiosa di questo periodo che Roma e il papato com- 5 batterono con il movimento detto della Controriforma. Le guerre religiose che furono la conseguenza di questa lotta durarono a lungo però l'Italia non ebbe una parte decisiva in essa ma diventò invece un campo di battaglia per questa lotta. 10

Nel secolo diciottesimo, ossia nel Settecento, un nuovo ordinamento religioso e politico si sviluppa in Europa e le lotte religiose vengono a termine. L'Italia e il papato sembrano cadere in uno stato di sonnolenza. l'illuminismo del Settecento è sentito in Italia ma come corrente che veniva dall'estero, come anche rimanevano all'estero le forze che controllavano il destino politico dell'Italia. È soltanto nell'Ottocento, durante il Risorgimento, che l'Italia di nuovo dà segno di una rinnovata volontà politica. Infatti il Risorgimento fu un movimento politico che durò piú o meno dal 1810 al 1870 e che ebbe come scopo l'unificazione politica dell'Italia. Il nemico era l'impero Austro-Ungarico, o piú semplicemente l'Austria, che in quei tempi, come una delle grandi potenze europee, controllava direttamente o indirettamente tutta l'Italia. Infatti gran parte dell'Italia settentrionale era sotto il controllo diretto dell'Austria di cui era una provincia, mentre l'Italia centrale era costituita da un gruppo di staterelli, principati o ducati, di nome

ST. PIERRE: VALLE D'AOSTA

indipendenti ma di fatto legati all'Austria da cui dipendevano. Al sud dell'Italia, il Regno delle due Sicilie era governato da re borbonici indirettamente controllati dall'Austria. L'Italia centrale era quasi tutta occupata dagli Stati Pontifici governati dal Papa e, sebbene indipendenti, 5 erano tali solamente per l'appoggio che ricevevano dall'Austria e dalla Francia. L'Italia, come diceva un famoso uomo di stato austriaco, non era una nazione: era un'espressione geografica. Solamente una regione d'Italia era veramente indipendente: il Piemonte, nella parte nord-ovest della 10 penisola. Questa regione sotto la Casa di Savoia ben presto diventò il centro del movimento d'indipendenza che appunto con l'aiuto della Casa di Savoia fu portato a compimento. Così nell'anno 1860 il regno d'Italia fu creato e il suo primo re fu Vittorio Emanuele II della Casa Savoia. Torino fu la 15 prima capitale dell'Italia moderna. Poi la capitale fu trasferita a Firenze e finalmente nel 1870 Roma divenne parte dello stato italiano e immediatamente ne fu fatta la capitale.

Nel 1945, dopo la seconda guerra mondiale e dopo la 20 fine del regime fascista che aveva tenuto il governo dell'Italia del 1922 al 1943, ci fu un plebiscito e il popolo italiano votò contro la monarchia a favore della repubblica, e oggi lo stato italiano è una repubblica costituzionale.

ARTIGIANATO DI TARANTO

L'Università per Stranieri di Firenze

16

Ieri l'altro Roberto è arrivato a Firenze. Ha chiamato un tassí, ed è andato a una pensione che gli consigliò il suo professore d'arte negli Stati Uniti. È una pensione modesta, situata lungo l'Arno. La camera di Roberto dà sul Lungarno, e dalla finestra c'è una splendida veduta del fiume, di Piazzale Michelangelo, e dell'antica chiesa di San Miniato al Monte. Nella stessa pensione abitano alcuni studenti stranieri che frequentano l'Università per Stranieri. Uno di questi studenti è un americano, figlio di genitori italiani, che si prepara per l'insegnamento dell'italiano nelle scuole medie di New York. Si chiama Mario Pecchioli. Sono le nove di mattina e Roberto esce con Mario per andare con lui all'Università per Stranieri.

— Andiamo a piedi, Mario?

— Sí, sí. I filobus a quest'ora della mattina sono pieni, e poi, come hai veduto, Firenze è una città molto compatta, ed è piacevole camminare per la città.

— Tu che lezioni hai stamani?

— Alle dieci ho lezione di letteratura contemporanea, e alle undici seguo un corso sul Leopardi? Lo conosci?

— No. Conosco bene la storia dell'arte italiana, ma non conosco la letteratura.

— Giacomo Leopardi è un grande poeta del secolo scorso. Perché non vieni in classe con me alle undici? Oggi il professore ci leggerà *La Ginestra,* una poesia piuttosto lunga, ma molto bella.

— Benissimo. Quando sono incominciate le lezioni?

— Non ricordo il giorno preciso, ma era verso la metà di giugno. È la loro sessione estiva, e finirà il 25 di agosto. Ci sono quattro sessioni qui a Firenze per gli studenti stranieri: l'autunnale, l'invernale, la primaverile e quella estiva.

— Ci sono "fraternities" qui in Italia?

— No, ma per gli studenti stranieri, qui a Firenze, e anche a Roma, c'è una Casa dello Studente. Qui a Firenze è su una bella collina. Io volevo andare lí quando sono venuto, ma non c'era posto.

— Io avevo quasi l'intenzione di frequentare l'Università per Stranieri di Perugia. Quest'anno danno un corso d'arte etrusca che proprio volevo seguire, ma poi ho deciso di visitare un po' l'Italia prima d'incominciare a dipingere e a studiare.

— Io andai a Perugia appena arrivai dagli Stati Uniti. Come ti ho detto ho una borsa, e tutti i borsisti devono passare le prime due settimane in Italia a Perugia dove seguono dei corsi di orientamento.

— È una buon'idea.

— Ecco l'entrata della segreteria. Ti lascio qui, cosí tu puoi leggere gli avvisi, sfogliare qualche bollettino e magari fare qualche conoscenza. Ti avverto che la segretaria è molto carina! Alle undici vengo qui e ti porto a lezione con me.

— Va bene, ciao.

La scuola italiana

La scuola che Roberto ha visitato in compagnia del suo
amico Mario Pecchioli è, come abbiamo visto, un'università
per stranieri. Le università per gli studenti italiani sono
molto diverse da quelle per gli stranieri e ancora piú diverse
da quelle americane. Infatti, tutto il sistema scolastico italiano ha un'organizzazione e un orientamento completamente differenti da quelli americani.

17

In America l'istruzione pubblica è sotto la giurisdizione
dei singoli stati e perciò varia da stato a stato. A volte le
differenze locali sono profonde e perciò i risultati dell'insegnamento sono molto diversi. In Italia l'istruzione pubblica è affidata a un ente centrale, il Ministero della Pubblica
Istruzione, che ha completa responsabilità e giurisdizione su
tutto il paese. Questa organizzazione centrale tende a creare
un livello di uniformità nella preparazione degli studenti e
nelle materie di studio.

Un'altra differenza fondamentale tra il sistema italiano e
quello americano è nell'orientamento. In America tutti i
giovani finiscono le scuole medie, e molti di essi continuano
gli studi nei "colleges". La selezione tra studenti mediocri
e studenti dotati non ha luogo fino al "college". In Italia
questa selezione comincia molto prima, con il risultato che
un numero esiguo di studenti arriva all'università.

IN UNA SCUOLA ELEMENTARE

Secondo la legge, tutti i ragazzi italiani sono obbligati a frequentare la scuola dall'età di sei fino a quattordici anni. I bambini italiani possono cominciare la scuola a quattro o cinque anni nelle cosiddette *Scuole Materne*. Dopo la *Scuola*

BAMBINI ROMANI

Materna viene la *Scuola Elementare* che ha una durata di cinque anni e che di solito comincia all'età di sei anni. Alla fine della *Scuola Elementare* il ragazzo deve frequentare la *Scuola Media Unica,* che dura tre anni. Dopo la scuola media, se lo studente vuole diventare maestro di scuola elementare, va agl' *Istituti Magistrali* per quattro anni. Se, invece, vuole andare all'*Università,* generalmente s'iscrive al *Liceo:* il *Liceo Classico,* il *Liceo Scientifico* o il *Liceo Artistico,* secondo la professione che intende esercitare. Il *Liceo* ha una durata di cinque anni. Ma non tutti gli studenti vanno al *Liceo;* la maggior parte s'iscrive agli *Istituti Tecnici,* da cui, però, possono accedere all'*Università.* La durata di tutti gl'*Istituti Tecnici* è di cinque anni.

L'università italiana è essenzialmente una scuola di specializzazione, ma lo studente universitario italiano ha molta libertà.

Soggiorno fiorentino

18 È giovedí. Roberto ha quasi finito i soldi che ha cambiato a Milano, e deve andare a cambiare un paio di assegni per viaggiatori. Stamani s'è alzato presto, ha fatto la prima colazione — una colazione semplice, all'italiana, cioè caffè con latte e un panino con burro e marmellata — e poi si è avviato verso l'ufficio dell'American Express, lungo il marciapiede che dalla pensione dove abita in pochi minuti lo porta al Ponte a Santa Trinita.

È una giornata calda di luglio, ma in cielo vi sono delle grosse nuvole minacciose. Forse nel pomeriggio una bella pioggia rinfrescherà l'aria afosa. Roberto arriva all'ufficio dell'American Express, e prima di tutto va al banco dove una signorina distribuisce la posta.

— Buon giorno, signorina. C'è posta per Roberto Hamilton?

— Aspetti un momento... Gordon, Gould, Grant, Hill, Holt... No, non c'è niente per Lei signor Hamilton. Aspettava una lettera?

— Sí, ma pazienza! Ripasserò lunedí. In ogni modo, quando partirò per Roma L'avvertirò, cosí farà seguire le mie lettere. Senta, dove posso cambiare degli assegni per viaggiatori?

— Lí a destra, allo sportello del cambio.

— Grazie. *(Fra sé)* Guarda quanta gente! Devo fare la coda... Finalmente!

— Mi cambi per favore questi due assegni.

— Li firmi e mi mostri il Suo passaporto, per favore...

— Benissimo. Ecco.

Roberto ringrazia l'impiegato, poi va al reparto di viaggi
5 per chiedere delle informazioni, e lí parla a lungo con un
giovane impiegato, il signor Paolo Fasetti che è molto sim-
patico. Dopo circa mezz'ora, Roberto esce e cammina di
nuovo lungo l'Arno fino al Ponte Vecchio. Come sempre, il
Ponte Vecchio è affollato di persone; molti sono turisti ita-
10 liani e stranieri che prima guardano pazientemente le belle
vetrine piene di gioielli, orologi, oggetti di pelle, ecc., e poi
entrano nei vari negozi per comprare qualche ricordo.
Roberto volta a sinistra, e quando arriva a Piazza del Mercato Nuovo entra in una libreria per chiedere le indicazioni
15 per andare alle Cappelle Medicee.

— Buon giorno, signore, desidera qualcosa?

— Sí. Ha una piccola guida di Firenze con una pianta
della città?

FIRENZE: PONTE VECCHIO

— Guardi, c'è questa che costa poco e che è fatta veramente bene.

— Questa va bene. Senta, mi segna per favore sulla pianta
che via devo prendere per andare alle Cappelle Medicee?

— Ecco, guardi. Segua questa via fino a quest'angolo.
Qui c'è il Palazzo Medici Riccardi. Volti a sinistra e quando
arriva a Piazza San Lorenzo chieda di nuovo e Le indiche-
ranno l'entrata. Vuole vedere le tombe con le statue di
Michelangelo?

— Sí. Le ho viste tante volte nei miei libri d'arte.

— Io le ho vedute molte volte; sono tutte belle, ma preferisco quella della Notte. "La notte che tu vedi in sí dolci
atti . . .", è una breve poesia famosa, ma la troverà nella guida
che ha comprato.

— Ho già visitato il Museo dell'Accademia perché volevo
subito vedere il David, e stamani voglio vedere le tombe.
Buon giorno.

— Buon giorno e grazie. Allora segua questa via fino
all'angolo . . .

> La notte che tu vedi in sí dolci atti
> dormire, fu da un angelo scolpita
> in questo sasso, e perché dorme ha vita;
> destala, se nol credi, e parleratti.
>
> *(Poesia scritta da Giovanni Strozzi per la*
> *"Notte" di Michelangelo)*

MICHELANGELO: LA NOTTE (DETTAGLIO)

RAVENNA: L'IMPERATRICE TEODORA (MOSAICO) *Alinari Photo*

L'arte italiana

DALL'ARTE DELL'ANTICA ROMA
AL PERIODO ROMANICO E GOTICO

19 Il museo dell'Accademia di Belle Arti che Roberto ha visitato è uno dei molti musei di Firenze, e il David di Michelangelo è uno dei numerosi capolavori d'arte creati durante il Rinascimento. Questo periodo di cui Firenze, come abbiamo visto, fu il centro principale, fu veramente un'epoca gloriosa per l'arte.

Ma il Rinascimento è soltanto uno dei periodi della tradizione artistica italiana. Questa tradizione risale, senza interruzioni, all'antica civiltà romana. Anche coloro che non hanno mai visitato Roma sanno che nella Roma moderna troviamo ancora numerosi esempi dell'arte della Roma antica: il Colosseo, l'Arco di Tito, l'Arco di Costantino, il Pantheon, il Teatro di Marcello, le Terme di Caracalla, la Colonna Traiana, la Colonna di Marco Aurelio, e poi le numerose statue e i suggestivi acquedotti della campagna romana che hanno ispirato tanti pittori. E cosa dire dei numerosi esempi d'arte e di architettura che troviamo tuttora in altri paesi europei?

5   In Italia le arti continuarono a fiorire anche durante il Medioevo, nel periodo bizantino — secoli V–VII (quinto, settimo) — nel periodo romancio — secoli XI–XIII (undicesimo, tredicesimo) — e in quello gotico — secoli XIII–XIV (tredicesimo, quattordicesimo). Il centro dell'arte bizantina in
10 Italia fu Ravenna, dove nell'anno 402 fu trasferita la sede

PISA: LA TORRE PENDENTE

imperiale. Ravenna offre anche oggi degli esempi straordinari di quest'arte nell'architettura e nei mosaici delle sue chiese, quali Sant'Apollinare Nuovo, Sant'Apollinare in Classe, San Vitale, e il battistero degli Ortodossi. Indimenticabile è il Mausoleo di Galla Placidia che è un caleidoscopio di colori. All'arte bizantina si riallacciano gli splendidi mosaici di Palermo, di Monreale e di Cefalú in Sicilia, e quelli della Chiesa di San Marco a Venezia.

L'architettura religiosa del periodo romanico esiste ancora in edifici quali la chiesa di Sant'Ambrogio a Milano e il Duomo di Pisa. Quest'ultimo, che forma un gruppo omogeneo d'edifici con il Battistero e la famosa Torre Pendente, sembrò una tale meraviglia ai contemporanei che essi chiamarono il luogo dove esso sorse *La Piazza dei Miracoli*.

GIOTTO: LA FUGA IN EGITTO

L'arte gotica si manifestò non solo nell'architettura ma anche nella pittura e nella scultura. Tra gli edifici gotici dobbiamo ricordare il Duomo di Milano e quello di Siena, che sono esempi di architettura religiosa, e il Palazzo Vecchio a Firenze, il Palazzo Comunale a Siena, e il Palazzo dei Dogi a Venezia, che sono esempi di architettura civile. In pittura basta ricordare il nome di Giotto per capire che il periodo gotico fu molto importante nella storia della pittura italiana. Anche se la pittura di questo periodo resta nell'orbita della tradizione bizantina, annuncia un nuovo fermento espressivo. A Siena con Duccio lo stile bizantino perde la tipica rigidità. A Firenze Cimabue infonde un'espressione drammatica allo stile bizantino, e Giotto con un profondo senso realistico prepara la frattura fra Medioevo e Rinascimento. Gli affreschi piú importanti di Giotto si trovano nella Basilica di San Francesco ad Assisi, nella Cappella degli Scrovegni a Padova, e nella Chiesa di Santa Croce a Firenze. A Siena, oltre alle opere di Duccio troviamo anche quelle di Simone Martini e di Pietro e Ambrogio Lorenzetti.

MICHELANGELO: AUTORITRATTO *Anderson Photo*

MICHELANGELO: LA CREAZIONE DELL'UOMO (DETTAGLIO) *Anderson Photo*

L'arte italiana

IL RINASCIMENTO, IL BAROCCO, L'OTTOCENTO
E IL NOVECENTO

20 Il Rinascimento segnò un nuovo periodo nel campo delle arti. Lo splendore che le arti raggiunsero in quest'epoca non è forse mai stato eguagliato. In architettura la rinascita delle forme dell'antichità classica si deve a Filippo Brunelleschi, inventore della prospettiva architettonica e studioso dell'archi- 5 tetto romano Vitruvio. Il Brunelleschi abbellí la sua Firenze con la Cappella dei Pazzi, la Chiesa di San Lorenzo, e la Cupola di Santa Maria del Fiore. In scultura l'assertore dell'eccellenza delle forme classiche fu Donatello che spazzò via ogni convenzione gotica. Fra la numerose opere di Dona- 10 tello ricordiamo le due statue *David* e *San Giorgio* a Firenze,

e l'imponente statua equestre del condottiero Gattamelata
a Padova. In pittura l'artista che lanciò il nuovo stile e che
piú di ogni altro influí sui grandi pittori del Rinascimento
fu Masaccio, nelle cui figure monumentali trionfa la pro-
5 spettiva scientifica. Fra i suoi affreschi notiamo la *Consegna
del tributo* nella Chiesa del Carmine a Firenze. Ma com'è
possibile accennare alle varie correnti o fare il nome di
tutti i grandi artisti dell'epoca nel giro di pochi paragrafi?
I grandi pittori, scultori e architetti si moltiplicarono, ed i
10 loro capolavori si trovano ancora oggi non solo in Italia ma
in tutto il mondo. Sandro Botticelli e la sua *Nascita di
Venere,* Leonardo da Vinci e la sua *Monna Lisa,* Raffaello

DONATELLO: SAN GIOVANNI BATTISTA

e le sue numerose Madonne, Michelangelo con gli affreschi della Cappella Sistina, il *Mosè* e il *David*, sono ancora e saranno sempre simboli delle supreme manifestazioni dell'arte. Ma anche in una rassegna affrettata non è possibile omettere il nome dei tre grandi coloristi della scuola veneta, cioè 5 Tiziano Vecellio, Iacopo Robusti detto il Tintoretto, e Paolo Caliari, detto il Veronese.

MICHELANGELO: TESTA DEL DAVID

BERNINI: PIAZZA NAVONA, ROMA

Al Rinascimento appartengono anche le graziose terracotte invetriate e smaltate di Luca e Andrea Della Robbia.

La fine del Rinascimento segnò la fine di un'epoca eccezionale ma la tradizione artistica italiana ha continuato fino
ai nostri giorni. Il complesso movimento detto Barocco —
secoli XVII (diciassettesimo) e XVIII (diciottesimo) — ebbe
come centro Roma, ed ebbe come maggior rappresentante
l'architetto (*Colonnato di Piazza San Pietro* a Roma) e scultore (*L'Estasi di Santa Teresa* a Roma) Gian Lorenzo Bernini. Alla scuola del barocco appartiene anche la bella
chiesa di *Santa Maria della Salute* a Venezia, la *Scalinata di
Trinità dei Monti* e la *Fontana di Trevi* a Roma. E poi
troviamo bellissimi esempi di architettura barocca nelle
Puglie e in Sicilia. In pittura basterà fare il nome di Michelangelo Merisi, detto il Caravaggio, che colpisce con effetti
drammatici di luce e di ombra.

CANOVA: PAOLINA BONAPARTE *Alinari Photo*

Nella seconda metà del secolo diciottesimo abbiamo un
ritorno alle forme classiche, e in Italia il grande protagonista
di questo "neoclassicismo" fu lo scultore Antonio Canova.

Durante il periodo romantico — secolo XIX (diciannovesimo) — gli sforzi degl'Italiani furono diretti alla lotta per ⁵
l'indipendenza politica e l'arte non fu coltivata con la stessa
energia dei secoli precedenti. Ma la tradizione artistica non
morí. Infatti dopo l'indipendenza l'arte trovò nuova ispirazione e nuovo impeto. Un movimento importante fu il
Futurismo che fiorí al principio del secolo XX (ventesimo). ¹⁰
A questo movimento, che fu il parallelo italiano del cubismo,
aderirono Umberto Boccioni, Carlo Carrà, Gino Severini e
altri pittori. Al futurismo reagí la pittura "metafisica" di
Giorgio de Chirico. Un posto a sé ha il pittore Amedeo
Modigliani che si stabilí a Parigi. Ma nell'arte italiana ¹⁵
moderna vi sono altri nomi importanti, quali i pittori
Giorgio Morandi, e Massimo Campigli, e gli scultori Gia-
como Manzú e Marino Marini.

MODIGLIANI: ANNA ZBOROWSKA *Collection of Museum of Modern Art*

A tavola non s'invecchia

È sabato. Sono le otto e tre quarti di sera. Roberto è seduto
con un altro giovane a una tavola di un ristorante a Pontassieve, una piccola città a pochi chilometri da Firenze. È
seduto con il signor Paolo Fasetti, il giovane impiegato che
5 conobbe all'American Express. Si conobbero per caso quando
Roberto andò all'American Express per ritirare la posta e
per delle informazioni di viaggio. Parlarono di molte cose,
e quando Roberto confessò che ancora non conosceva i
dintorni di Firenze, Paolo l'invitò ad andare con lui il
10 sabato prossimo. Oggi Paolo è passato a prendere Roberto
alle due; hanno fatto una corsa sull'autostrada fino a Pistoia;
più tardi sono saliti a Fiesole, e verso sera sono andati a
Pontassieve dove ci sono dei ristoranti popolari tipici. Sulla
parete del ristorante dove si sono fermati Roberto e Paolo
15 c'è un cartello che dice: "A tavola non s'invecchia."

21

COME SI FANNO I TORTELLINI

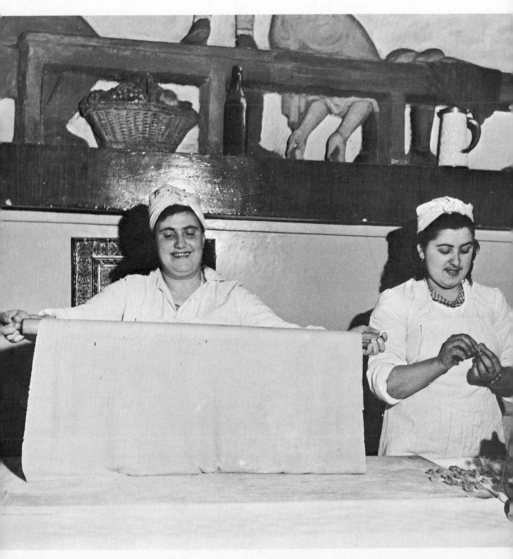

FAMIGLIA TOSCANA

— Che cosa significa quella frase? — chiede Roberto.

— È un proverbio. Significa che a tavola i commensali sono così felici che non si accorgono del tempo che passa.

— È un detto giusto. Ho notato che gl'Italiani restano a tavola molto tempo.

— È vero. Ci teniamo a mangiare bene. Abbiamo un altro proverbio che dice: "È meglio pagare il conto dell'oste che il conto del medico."

— È giusto anche questo.... Questa è la prima volta che mangio il prosciutto con il melone. È un piatto squisito.

— Il prosciutto è buono anche con i fichi. Ma i fichi non sono ancora maturi.

— (Il cameriere) Ecco i cannelloni ripieni, signori.

— Anche questo è un piatto nuovo per me — dice Roberto.

— Ha notato ancora la varietà della cucina italiana? — domanda Paolo.

— Sí. A Milano ho mangiato il risotto alla milanese; a Bologna i tortellini e il cotechino; e a Firenze la bistecca alla fiorentina.

— Ogni regione d'Italia ha le sue specialità. In Italia c'è grande varietà non solo di paesaggio, di dialetti e di tipi etnici, ma anche di cucina.

— Anche a Roma e a Napoli hanno dei piatti tipici?

— Sí, molti. A Roma dovrà provare l'abbacchio alla romana, e a Napoli gli spaghetti con le vongole.

— Che cosa sono le vongole?

— Sono dei piccoli molluschi che danno un sapore speciale alla salsa di pomodoro con cui i napoletani condiscono gli spaghetti.

— Devo confessare che l'arte gastronomica italiana è molto sviluppata.

— Senz'altro. E forse una delle ragioni per cui la cucina italiana è apprezzata in tutto il mondo, è che le sue specialità 10 sono sane e allo stesso tempo non troppo complicate.

— (Il cameriere) Porto un fiasco di vino rosso?

— No, con il pollo preferiamo il vino bianco — dice Paolo.

— Ho notato — dice Roberto — e del resto me lo diceva anche mia madre che è italiana, che gl'Italiani bevono uno 15 o due bicchieri di vino con i due pasti principali del giorno.

— Sí, quasi tutti gli adulti bevono vino a colazione e a pranzo, ma in generale gl'Italiani non fanno uso di forti bevande alcooliche.

— È vero. Nelle città italiane ci sono molti "bar", ma ho 20 subito notato che in Italia "bar" ha lo stesso significato di "caffè."

A un certo punto il cameriere porta del pollo allo spiedo con insalata verde e funghi fritti, e i due giovani continuano a mangiare e a chiacchierare. Il ristorante è gremito di gente, 25 e l'aria risuona di voci allegre e di risate. Roberto e Paolo devono alzare la voce per poter continuare la conversazione.

— (Il cameriere) Desiderano un po' di torta? Abbiamo un millefoglie delizioso.

— L'ha mai assaggiato il millefoglie? — chiede Paolo a 30 Roberto.

— Sí, diverse volte; ma stasera preferisco frutta di stagione.

— Lei si è proprio italianizzato! In generale, alla fine del pranzo, gl'Italiani preferiscono la frutta alla torta. 35

— Quando fa caldo, però, qualche volta preferisco un gelato, specialmente se c'è la cassata alla siciliana.

Piú tardi.

— Cameriere, il conto per favore! — dice Paolo.

— Pago io! — dice Roberto. 40

— No, mi dispiace, ma stasera pago io. Domani sera, dopo la partita di calcio pagherà Lei.

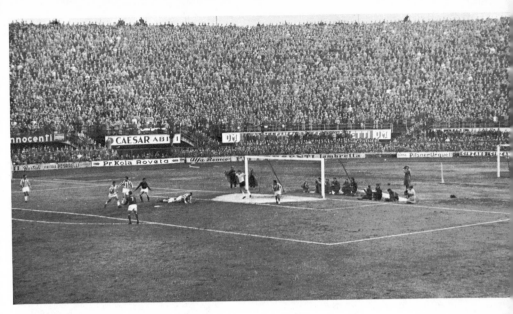

UNA PARTITA DI CALCIO

Lo sport in Italia

Senza dubbio il calcio è uno degli sport preferiti dagl'Italiani. Contrariamente al "football" americano che è essenzialmente uno sport per dilettanti, tanto è vero che negli
Stati Uniti quasi ogni scuola media e ogni università ha la
5 sua squadra, il calcio italiano è uno sport di professionisti.
In questo senso, fa pensare all'organizzazione del "baseball"
negli Stati Uniti. Ogni grande città italiana ha la sua squadra
di calcio che porta il nome della città stessa che la ospita. C'è
poi anche una squadra nazionale che partecipa a partite con
10 altri paesi per il campionato europeo e mondiale. Fra i vari
sport, il calcio è quello che attira il maggior numero di
spettatori. In Italia vi sono diversi grandi stadi, ma tanti
sono i "tifosi" che quando c'è una partita di grande interesse,
per esempio una partita fra l'Italia e un paese straniero,
15 l'intera partita è trasmessa per televisione.

22

Il calcio in Italia ha una lunga tradizione. A Firenze, nel
Rinascimento, giocavano partite di calcio in occasioni speciali in Piazza Santa Croce. I giocatori, che spesso apparte-
nevano alle famiglie nobili della città, erano vestiti in costumi pittoreschi, e la partita durava circa un'ora. Il calcio 5
"in livrea", come dicono a Firenze, oggi ha luogo due volte
all'anno, quasi sempre una domenica di maggio, e sempre
in giugno nel giorno dedicato al patrono della città, cioè a
San Giovanni, nella maestosa Piazza della Signoria. Bisogna
dire, però, che il calcio in livrea, cioè in costume, differisce 10
molto dal calcio che giocano negli stadi moderni. Nella partita di calcio in livrea i giocatori formano due squadre di

ventisette uomini, e le due squadre rappresentano rispettivamente i rioni situati sulla destra e sulla sinistra dell'Arno.
Una squadra è vestita di bianco, e una di verde. La partita
è preceduta da un lungo e pittoresco corteo che attraversa la
5 città e finisce sul campo di gioco. I partecipanti al corteo
indossano eleganti costumi di vari colori che rappresentano
le antiche corporazioni della città, e le varie categorie dell'antico esercito cittadino: soldati, capitani a cavallo, tamburini,
ecc. C'è anche una vitella bianca con le corna e gli zoccoli
10 dorati, che è il premio dei vincitori.

PARTITA DE CALCIO

Ma il calcio non è il solo sport popolare in Italia. Un altro sport che attira molti spettatori è il ciclismo: corse di bicicletta su strada e in pista. Fra le prime occupa un posto speciale il *Giro d'Italia,* una corsa che dura circa venti giorni, e che si svolge per tutta la penisola. Ma bisogna dire che oggi l'interesse per questo sport è diminuito perché le condizioni economiche del paese sono migliorate, e molti italiani che prima avevano una bicicletta oggi comprano l'automobile. Non ci sorprende quindi di constatare che in Italia sono assai popolari anche le corse di automobili, specialmente se teniamo presente che in Italia ci sono delle ditte che fabbricano delle automobili da corsa famose in tutto il mondo: le Ferrari, le Lancia, le Maserati e le Alfa Romeo.

CORTINA D'AMPEZZO

Meno popolari sono le corse di cavalli, lo sci, il tennis, il pugilato, la scherma — che una volta aveva molti entusiasti — e, in generale, l'atletica leggera. Tuttavia, per gli amanti dell'ippica vi sono dei grandi ippodromi a Roma, Milano e Torino; e gli entusiasti della neve hanno una splendida scelta di centri invernali: Cortina d'Ampezzo e Sestriere sulle Alpi, l'Abetone in Toscana e Roccaraso negli Abruzzi.

Tale è l'interesse di molti italiani per lo sport che tutti i giornali quotidiani dedicano ad esso una pagina, e giornali specializzati come *La Gazzetta dello Sport*, *Il Calcio Illustrato*, ecc., dedicano la loro attenzione unicamente alle competizioni sportive.

A una conferenza su Dante

23

Sono quasi due settimane che Roberto è a Firenze. È domenica. Roberto e Mario sono usciti dalla pensione e camminano verso Piazza della Repubblica. Piove. Mario s'è
messo l'impermeabile; Roberto che non ha un impermeabile,
ha un ombrello che gli hanno prestato in pensione. I due ⁵
amici si recano all'antico Palazzo della Lana per sentire una
conferenza su Dante Alighieri. Il grande poeta fiorentino,
che per ragioni ·politiche dovè lasciare la sua patria quando
aveva trentasei anni, amò sempre la sua Firenze, anche se
non poté mai ritornare a vedere il suo "Bel San Giovanni," ¹⁰
la chiesa dov'era stato battezzato. I fiorentini hanno sempre
nutrito un sincero amore per il loro sommo poeta, e nel
Palazzo della Lana c'è una grande sala, la Sala di Dante, dove
per molti anni i grandi dantisti hanno tenuto delle confe-
renze su Dante e sulle sue opere. ¹⁵
  Anche se piove, la città è festosa: i marciapiedi sono affol-
lati, e negl'incroci piú importanti, i vigili in guanti bianchi
gesticolano e controllano il passaggio dei veicoli. L'aria è
piena del suono delle campane che, da cento campanili,
chiamano i fedeli a messa. ²⁰

LUCA SIGNORELLI: RITRATTO DI DANTE

LUCA SIGNORELLI: IL FINIMONDO (DETTAGLIO) *Alinari Photo*

Roberto e Mario arrivano in Piazza della Repubblica e si fermano sotto i portici davanti a un'edicola.

— Tu che giornale leggi qui a Firenze? — domanda Roberto.

— *La Nazione*. È un vecchio giornale, e in terza pagina c'è sempre qualche articolo letterario o un racconto di un noto scrittore contemporaneo.

— Dev'essere una caratteristica di molti giornali italiani. L'ho notato a Milano quando ho comprato un paio di numeri del *Corriere della sera*.

— Hai ragione. *(Alla donna dentro l'edicola)* Mi dia *La Nazione* e anche *Epoca*. *(A Roberto)* Conosci *Epoca?* È una rivista illustrata settimanale.

— Sí. Ne ho vista una copia in pensione. Andiamo? Sono le undici meno un quarto, e la conferenza incomincia alle undici in punto.

— Andiamo. Il Palazzo della Lana è a due passi. La sala è al primo piano, se non mi sbaglio. Guarda, ha quasi smesso di piovere.

— Chi sa dove abitava Dante quando era a Firenze?

— Abitava vicino a Piazza della Signoria. Dopo la conferenza ti porterò a vedere la cosiddetta Casa di Dante.

— Perché, non è la vera casa di Dante?

— No, è una ricostruzione, ma è certo che la casa di Dante era in quel quartiere, e che si somigliava a quella che hanno ricostruita.

— Io di Dante so soltanto le poche cose che ho imparate in un corso di letteratura mondiale. So che scrisse varie opere in italiano e in latino.

— Hai letto la *Divina Commedia?*

— Non tutta. Solamente il primo canto dell'*Inferno,* l'episodio di Paolo e Francesca e quello del Conte Ugolino.

— Dante non è facile, ma ci sono molte edizioni annotate della *Divina Commedia.*

— E anche molte traduzioni in inglese. Io, a Nuova York, ho una bell'edizione con le illustrazioni di Gustavo Doré.

— Hai mai veduto i disegni del Botticelli?

— Sí, e anche quelli di William Blake.

— Ieri sono andato a Santa Maria del Fiore e ho veduto l'affresco di Michelino che rappresenta il poeta in piedi davanti al Purgatorio, parte dell'Inferno e parte dell'antica Firenze.

— Ecco l'entrata del Palazzo della Lana.

— È un edificio austero ma bello.

— Chi è il conferenziere di oggi?

— È un professore che insegna letteratura all'Università di Padova.

— Perché, a Firenze non ci sono professori di letteratura?

— Che c'entra? Non fare il buffone.

Entrano nella sala della conferenza.

— È una bella sala. C'è già molta gente — dice Roberto.

— Il professore non è ancora arrivato, ma andiamo a sederci.

— Di che cosa hai detto che parlerà?

— Della *Vita Nuova*, l'opera giovanile di Dante, e piú precisamente dell' "amore" nella *Vita Nuova*. Tieni, mentre aspettiamo leggi questo famoso sonetto della *Vita Nuova*.

Tanto gentile e tanto onesta pare
la donna mia quand'ella altrui saluta,
ch'ogni lingua deven tremando muta
e li occhi non l'ardiscon di guardare.
Ella si va, sentendosi laudare,
benignamente d'umiltà vestuta;
e par che sia una cosa venuta
da cielo in terra a miracol mostrare.
Mostrasi sì piacente a chi la mira
che dà per li occhi una dolcezza al core,
che 'ntender no la può chi non la prova;
e par che da la sua labbia si mova
un spirito soave pien d'amore,
che va dicendo a l'anima: "Sospira".

BOTTICELLI: PERSONAGGI DELLA DIVINA COMMEDIA

Un po' di letteratura italiana

DA DANTE AL RINASCIMENTO

Dante Alighieri nacque nel 1265 a Firenze e morí nel 1321 a Ravenna. Quando Dante nacque la letteratura italiana già esisteva, ma tale fu il suo genio e la sua grandezza, che non è errato definirlo il Padre della letteratura italiana. All'inizio
5 della letteratura italiana troviamo due altri grandi scrittori, Francesco Petrarca (1304–1374) e Giovanni Boccaccio (1313–1375). Il primo fu un grande umanista, poiché si dedicò con interesse e passione allo studio delle letterature classiche. Ma

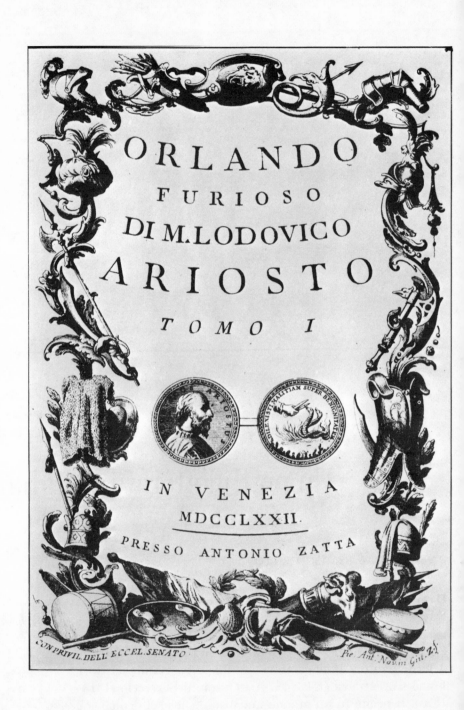

24

ORLANDO
FURIOSO
DI M. LODOVICO
ARIOSTO
TOMO I

IN VENEZIA
MDCCLXXII.
PRESSO ANTONIO ZATTA

CON PRIVIL. DELL' ECCEL. SENATO.

Pie. Ant. Nov. in Gitt. Zs.

fu anche un sommo poeta lirico, e molti poeti italiani e stranieri dei secoli seguenti s'ispirarono a lui e lo imitarono. Sia Dante che il Petrarca ebbero una donna che li ispirò: Dante ebbe Beatrice, e il Petrarca ebbe Laura. Anche Giovanni Boccaccio fu poeta, ma egli è ricordato specialmente come scrittore incomparabile di novelle. Chi non ha letto una o più novelle delle cento che egli narrò nel suo famoso *Decamerone?* L'autore dei *Canterbury Tales,* Geoffrey Chaucer, conosceva bene le opere del Boccaccio, e ne fu un sincero ammiratore.

I tre scrittori italiani di cui abbiamo parlato appartengono agli inizi della letteratura italiana, tuttavia non è troppo difficile leggere le loro opere perché la lingua italiana, contrariamente a quella inglese, non è cambiata molto attraverso i secoli.

Un altro periodo glorioso delle lettere italiane fu il Rinascimento, quel periodo che abbraccia il Quattrocento e il Cinquecento. Fu in quest'epoca di grande entusiasmo per le antiche letterature della Grecia e di Roma che fiorirono alcuni dei maggiori poeti e prosatori italiani: Lorenzo dei Medici e Angelo Poliziano, entrambi poeti lirici; Benvenuto Cellini, il noto artista, che scrisse la sua interessante *Vita;* Niccolò Machiavelli, storico e commediografo insigne, autore de *Il Principe,* uno studio penetrante di scienza politica; Ludovico Ariosto, autore del grande poema cavalleresco *L'Orlando Furioso;* e Torquato Tasso, che per la sua vita tragica e gli episodi commoventi del suo grande poema epico-cavalleresco, *La Gerusalemme Liberata,* fu tanto ammirato dai poeti del periodo romantico in Italia e nel resto dell'Europa.

Nel Rinascimento si sviluppò anche un genere di commedia italiana, la cosiddetta *Commedia dell'Arte,* che fu molto popolare in Italia e all'estero. La *Commedia dell'Arte* aveva speciali caratteristiche poiché le scene che la componevano non erano scritte per intero, ma erano in gran parte improvvisate dagli attori sul palcoscenico. Alla *Commedia dell'Arte* dobbiamo i personaggi di Arlecchino, Pulcinella, Pagliaccio, e molti altri.

SCENA DE UNA COMMEDIA DI GOLDONI

Un po' di letteratura italiana

DAL RINASCIMENTO ALL'EPOCA MODERNA

25

La *Commedia dell'Arte* continuò il suo sviluppo in Italia ed in altri paesi europei anche dopo il Rinascimento nel periodo detto barocco. Ma il carattere della letteratura italiana nel barocco o Seicento è rappresentato particolarmente dalle opere di Giovan Battista Marino (1569–1625). 5 Infatti questa letteratura è spesso descritta dai termini *secentismo* o *marinismo*. Fu una letteratura basata sulla preziosità delle costruzioni e delle immagini, su metafore bizzarre in un linguaggio ricercato e difficile, e tutto questo con l'intenzione di suscitare la meraviglia nel lettore. Ma il periodo barocco è anche un periodo di fervide ricerche scientifiche, e accanto alla poesia bizzarra di Marino c'è la prosa chiara e lucida di Galileo Galilei (1564–1642) che segnalò forse la piú importante rivoluzione scientifica dei tempi moderni. E poi, ci sono anche gli scritti filosofici di Tommaso Campanella (1568–1639), frate domenicano che prevedeva un imminente rivolgimento del mondo con la creazione di nuove istituzioni basate sulla comunità dei beni e su una religione naturale.

Nel secolo seguente, il Settecento, la tradizione di studi filosofici e scientifici continuò negli scritti di Giambattista Vico (1668–1744) che con la *Scienza nuova* ci ha dato una delle opere piú originali nell'evoluzione del pensiero moderno. Il periodo di Vico è il periodo dell'illuminismo quando in tutta l'Europa una nuova fede nella "ragione," nella libertà di fede e di coscienza diventa la forza piú decisiva nella struttura sociale. Questa nuova fede si trova anche negli scritti di altri autori, e nel senso di moralità che forma la base delle loro opere. Cosí Giuseppe Parini (1729–1799) nella sua poesia, Carlo Goldoni (1707–1793) nelle sue commedie e Vittorio Alfieri (1749–1803) nelle sue tragedie,

Riciulina.   Metzetin

PERSONAGGI DELLA COMMEDIA DELL'ARTE

rappresentano il desiderio di dare all'opere letterarie uno
scopo sociale e politico. Il Goldoni, dapprima ammiratore
della *Commedia dell'Arte,* fu poi riformatore di essa, e
scrisse circa duecento commedie, alcune delle quali — come
La locandiera e *Il ventaglio* — sono spesso rappresentate 5
anche negli Stati Uniti.

Il nuovo senso di uno scopo morale nella letteratura
assume una forma speciale nell'Ottocento con il cambiamento della situazione politica. L'Ottocento è chiamato
anche il periodo del Risorgimento, cioè il periodo della 10
lotta per l'indipendenza politica del paese; ed è infatti in
questo periodo, nel 1860, che l'Italia finalmente prende il
suo posto in Europa come nazione libera e indipendente.
Dal punto di vista letterario questo è il periodo detto romanticismo, e tra gli esponenti principali di questa corrente 15
in Italia troviamo Alessandro Manzoni (1785–1873) autore

del piú famoso romanzo italiano *I promessi sposi,* e Giacomo
Leopardi (1798–1837) uno dei piú grandi poeti lirici
d'Europa. Tra il 1860 e il presente la letteratura italiana
riflette i cambiamenti sociali e politici del paese e rientra
5 nella corrente mondiale, e scrittori e poeti come Giosuè Carducci, Grazia Deledda, Luigi Pirandello e Salvatore Quasimodo ricevono il premio Nobel.

Ma con l'eccezione di alcuni dei maggiori scrittori, la
letteratura italiana fino a non molti anni fa era poco
10 conosciuta negli Stati Uniti. Dopo la Seconda Guerra Mondiale, in un certo senso, tutto ciò che è italiano è diventato
di moda, e cosí anche la letteratura italiana. Oggi in America molti leggono, in italiano o in traduzione, i romanzi di
Alberto Moravia, Elio Vittorini, ecc., e le poesie di Salvatore
15 Quasimodo, Eugenio Montale e Giuseppe Ungaretti; e nelle
varie librerie delle nostre città troviamo anche le versioni
inglesi di scrittori non tanto recenti come Alessandro Manzoni, Giacomo Leopardi, Giovanni Verga, Gabriele d'An-
nunzio, Italo Svevo e Luigi Pirandello.

LUIGI PIRANDELLO

FIRENZE: IL CAMPANILE DI GIOTTO

PAESAGGIO VICINO A VITERBO

Da Firenze a Siena

Roberto voleva restare a Firenze qualche giorno di piú, ma
due giorni fa ha ricevuto una lettera di Nanda Ageno che
gli ha fatto cambiare proposito. Nella lettera Nanda diceva
che un'amica l'aveva invitata a passare una settimana a Fre-
5 gene, una piccola città balneare vicino a Roma, e che stava
per partire per Roma... "arriverò a Firenze il pomeriggio
del 23, e la mattina dopo prenderò l'autobus della CIAT
che passa per Siena e arriva a Roma la sera. Perché non
facciamo il viaggio insieme? Telefonami all'Hotel Majestic
10 verso le sette di sera. Saluti cordiali, Nanda." E cosí, stamani alle otto Roberto e Nanda sono saliti su un grande
autobus azzurro che ora si arrampica su una delle numerose

26

colline che separano Firenze da Siena. Le colline sono lus-
sureggianti: dappertutto lunghe file di viti cariche d'uva non
ancora matura; alti cipressi che si rincorrono sulle pendici
delle colline, o stanno solitari a sorvegliare i lavoratori che
caricano il fieno su carri rossi a cui sono attaccati grossi buoi 5
bianchi.

— "T'amo, o pio bove; e mite un sentimento
Di vigore e di pace al cor m'infondi..."
— Che cosa reciti? — domanda Roberto.
— È un famoso sonetto di Giosuè Carducci. Tutti i ra- 10
gazzi italiani lo imparano a memoria.
— Il paesaggio è meraviglioso, ma Santo Cielo quante
curve!
— È cosí fino a Roma, salvo qualche breve tratto di strada
diritta. La Cassia segue il pre-Appennino, ed è piena di 15
curve. Ma anche la Flaminia che passa per Perugia non è
molto diversa.
— Quanti paesetti, e quante fattorie!
— Passiamo sotto Montereggioni; presto arriveremo a
Siena. 20

SCENA CAMPESTRE NEL LAZIO

SIENA: IL PALIO

— Sei stata mai a Siena?

— Sí, due anni fa. Ci andai con la mia famiglia per vedere il Palio. Tu devi proprio ritornare a Siena per il 16 agosto.

— Oggi è il 24 luglio...certamente, ma perché il 16 agosto?

— Perché c'è il secondo e ultimo Palio dell'anno. Non sai che cosa è il Palio?

— Francamente, no.

— È una corsa fantastica. È una corsa di cavalli che risale al Medioevo. Siena è divisa in diciassette contrade, e ogni contrada ha i suoi costumi medioevali, la sua bandiera, e il suo fantino.

— Ah, è una corsa in costume?

— Sí. Prima della corsa c'è un corteo in costume che dura circa due ore. Dopo il corteo dieci cavalli corrono due volte in giro alla bellissima Piazza del Campo, che è gremita di spettatori. È una corsa pericolosa per i cavalli e per i fantini; c'è una curva che è micidiale. Poi ti farò vedere, l'autobus si ferma proprio in Piazza del Campo.

— Non so perché, ma non avevo mai sentito parlare del Palio.

— È strano, perché, per esempio, io ho un vecchio numero del *National Geographic* che porta un articolo interessante sul Palio. Parla delle varie contrade: l'Oca, la Torre, la Giraffa, ecc., ed è accompagnato da molte illustrazioni in nero e a colori.

SAN GIMIGNANO DALLE BELLE TORRI

— ... Guarda, secondo la carta stradale siamo vicini a San
Gimignano. Me ne ha parlato il mio professore di pittura.

— Sí, San Gimignano dalle Belle Torri. È una piccola
città che ha conservato l'aspetto di molti secoli fa: alte torri,
strade strette, e due belle piazze nel cuore della città.

— Ma noi non passiamo per San Gimignano, vero?

— No. Dovrai andare a San Gimignano quando ritor-
nerai a Siena per il Palio.

— Senz'altro. Ho notato che il servizio ferroviario e automobilistico in Italia è buono, ma è certo che per visitare tutti
questi paesetti affascinanti ci vuole un'automobile... guarda
qui sulla carta: Certaldo, Vinci, Pistoia, Carrara...

— Già. E se poi apri la carta delle altre provincie vedrai
un numero sterminato di luoghi che meritano una visita più
o meno lunga.

— Stiamo per arrivare a Siena. Riconosco la torre di
marmo del Duomo con le strisce bianche e nere.

104

In viaggio per Roma

L'autobus in cui viaggiavano Nanda e Roberto arrivò a Siena verso mezzogiorno e mezzo. Appena ebbero fatto colazione i due giovani visitarono la cattedrale e poi fecero un lungo giro per la parte antica della città. I vecchi palazzi e le strade strette che risalgono a molti secoli fa ritengono il loro carattere medioevale, e Roberto trovò la passeggiata molto interessante.

27

Dovevano ripartire alle due e mezza, ma verso le due il tempo era già cambiato, il cielo si era coperto di nuvole, e poco dopo cominciò a piovere. Tutti i viaggiatori erano già ritornati alla fermata dell'autobus alle due e un quarto, e l'autista decise di partire subito. Il viaggio da Siena a Roma non fu molto interessante. La campagna, sotto la pioggia leggera ma continua aveva un aspetto piuttosto triste. Nell'autobus tutti i passeggeri erano silenziosi. Roberto aveva conversato un po' con Nanda, poi aveva cercato di leggere un libro su Roma che gli aveva regalato un amico quando era partito dall'America, ma a poco a poco s'era addormentato con il libro aperto sulle ginocchia.

ENA

Il libro di Roberto era intitolato *Roma, Città Eterna.*
Questa descrizione della capitale italiana, anche se non è
molto originale, è esatta. Dalla sua fondazione nel sesto
secolo a.C. (avanti Cristo) fino ad oggi Roma è sempre stata
un centro della civiltà occidentale. Per questa ragione Roma
ha un fascino speciale per il turista.

I monumenti della Roma antica come il Colosseo, il Foro,
il Pantheon, Castel Sant'Angelo, e molti altri, sono muti ma
vivi testimoni dell'antico splendore della Roma Imperiale.
Per quelli che visitano Roma come centro del mondo cristiano hanno grande interesse le Catacombe, le prime chiese
cristiane, e naturalmente San Pietro e la Città del Vaticano.
Le piazze e le fontane romane, costruite quasi tutte durante
il secolo diciassettesimo, o periodo barocco, danno un carattere speciale a molti quartieri di Roma.

Ma Roma, che è la capitale d'Italia e la sede del governo
italiano, oggi è soprattutto una città moderna, piena di vita
e di movimento. La sua popolazione di più di due milioni
d'abitanti è in continuo aumento, e per conseguenza il suo
aspetto cambia di anno in anno. Nuovi quartieri moderni,
nuove strade, nuove piazze e nuovi edifici sorgono con una
rapidità incredibile. Ma la Roma antica, la Roma medioevale, la Roma del Rinascimento non spariscono. E questo
contrasto di antico e di moderno, di medioevale e di barocco,
di tradizionale e di nuovo, rendono Roma una città unica
al mondo.

Tutto questo era nel libro di Roberto, ma lui non lo lesse
perché si era addormentato. Era quasi buio quando Nanda
lo svegliò e gli disse che stavano per arrivare a Roma. Fuori
pioveva ancora.

28
Lettera da Roma

Roma, 5 agosto, 19....

Egregio Professore,
    Avrei voluto scriverLe prima, ma creda,
quando si viaggia manca sempre il tempo di
fare tutto quello che si vorrebbe.
    Il viaggio da Nuova York a Milano fu
lungo e piuttosto monotono, però ebbi la
fortuna di conoscere un giovane italiano,
Elio Martelli che poi mi portò con la sua
macchina da Milano a Bologna. Ho anche conosciuto una sua cugina, Nanda Ageno, la quale
in questi giorni si trova a Roma. Infatti
andrò all'opera con lei domani sera.
    So che Lei è curioso di sapere le mie
impressioni dell'Italia ma non mi sento ancora in grado di parlargliene chiaramente.
Sono successe tante cose da quando L'ho visto
l'ultima volta che non mi sono ancora abituato alla mia nuova vita. Le posso dire
però che anche se le mie impressioni sono
ancora molto confuse, sono nondimeno piace-
voli.
    Non sono che poche settimane che mi
trovo in Italia, ma già mi rendo conto perché
il Suo paese è sempre stato così caro ai
pittori e agli artisti. L'aspetto fisico
dell'Italia è una continua ispirazione con

FIESOLE

i suoi contrasti e con la sua svariata bellezza. Ho già fatto numerosi schizzi, e
spero che alcuni diventeranno dei veri quadri. Appena mi sarò stabilito mi metterò
subito al lavoro. A proposito, voglio di
nuovo ringraziarLa per la Sua lettera di
presentazione al maestro Bertelli. Gli ho
parlato ieri sera al telefono. Ho un appuntamento con lui per domani l'altro e sono
sicuro che la sua conoscenza mi sarà
molto utile.

Il tempo finora si è mantenuto stupendo,
eccetto per una giornata di pioggia a Firenze
e mentre ero in viaggio da Firenze a Roma.
Spero di approfittarne e di fare una scappata alla spiaggia prima della fine dell'e-
state. Tutti mi assicurano che l'inverno
qui a Roma è molto mite.

Per ora la lingua non è stata un problema. Capisco che la mia conoscenza del-
l'italiano è ancora superficiale ma spero di
fare progressi. Come vede mi sono già fatto
alcuni amici italiani e li trovo molto sim-
patici. Infatti devo dire che in generale
ho trovato gl'Italiani molto gentili e molto
cordiali.
   Dunque finora il mio viaggio è stato
meraviglioso. Mi permetta ancora una volta
di esprimerLe la mia riconoscenza per tutto
quello che ha fatto per me, e di ripeterLe
che cercherò di essere degno della Sua stima.

                              Suo ·

                    Roberto Hamilton

P.S. Gradirei tanto una Sua lettera. Per il
     momento il mio indirizzo è Presso
     American Express, Roma.

Alle Terme di Caracalla

Roberto nella sua camera d'albergo leggeva la posta che aveva ritirato poco prima all'American Express quando squillò il telefono.

29

— Pronto!

— Pronto, Roberto, sono io, Nanda.

— Ah, ciao, Nanda; com'è andata?

— Bene, sono riuscita a trovare due biglietti per stasera.

— Ma stasera danno il *Rigoletto*.

— Lo so, ma cosa vuoi, era già cosí tardi che tutti i biglietti per l'*Aïda* erano esauriti.

— Hai ragione. Ma avrei tanto voluto vedere l'*Aïda* domani sera.

— Sarà per un'altra volta. Dunque dove c'incontriamo?

— Dove vuoi; io non ho niente in programma per il pomeriggio.

— Mi dispiace ma io sarò occupata fino alle cinque; se vuoi possiamo cenare insieme.

— Va bene; passerò a prenderti a casa della tua amica verso le sette e mezza.

— Va bene, ciao.

— Ciao, Nanda.

Roberto riattacca il ricevitore. Peccato! Avrebbe proprio voluto vedere l'*Aïda!* In pochi minuti finisce di guardare la posta, poi scende giù nell'atrio dell'albergo. Vorrebbe consultare una pianta di Roma per vedere precisamente dove sono le Terme di Caracalla. Si avvicina al banco e domanda all'impiegato:

GIUSEPPE VERDI

— Scusi, ha una pianta di Roma?

— Certo; eccola.

— Grazie.

— Dove vuole andare?

— Vado all'opera alle Terme di Caracalla stasera e vorrei sapere come si fa per andarci.

— È facilissimo; c'è l'autobus che passa proprio davanti all'albergo.

— Già, ma devo prima fermarmi a prendere un'altra persona che sta ai Parioli.

— Allora Le conviene prendere un tassí.

— Mi levi una curiosità; perché si chiama Terme di Caracalla il teatro?

— Non è mica un teatro! — dice l'impiegato, e sorride. — Le Terme di Caracalla sono un antico edificio costruito durante l'impero di Caracalla. Ai suoi tempi era usato per bagni pubblici. Oggi restano soltanto alcune rovine del vasto edificio, e durante l'estate vi danno delle opere all'aperto.

— Ah, è all'aperto!

— Sí, sotto le stelle.

— Grazie.

Roberto ritorna in camera e comincia a vestirsi. Lascia l'albergo verso le sette e arriva a casa dell'amica di Nanda alle sette e venti. Cenano in una piccola trattoria, e poi vanno alle Terme dove arrivano pochi minuti prima dell'inizio dello spettacolo.

— Non lo sapevo che era uno spettacolo all'aperto — dice Roberto.

— Ah no? È molto bello, vedrai. Ora entriamo perché l'opera sta per cominciare.

Roberto si guarda attorno con curiosità. L'effetto è veramente straordinario. Il teatro è immenso: è un vero mare di file e di posti. In fondo, le maestose rovine dell'antico edificio romano si alzano nell'oscurità dietro al palcoscenico e contrastano vivamente con le luci della ribalta. Roberto si volta verso Nanda e le dice:

— È proprio bello...anche se non danno l'*Aïda!*

Una maschera conduce i due giovani ai loro posti. Dopo poco le luci si spengono e il pubblico aspetta in silenzio l'arrivo del direttore d'orchestra.

Musica italiana

L'OPERA DALLE ORIGINI AI NOSTRI GIORNI

30
Il *Rigoletto,* l'opera di Giuseppe Verdi che Roberto Hamilton ha visto alle Terme di Caracalla in compagnia di Nanda, è una delle opere liriche italiane piú conosciute. Da quando fu presentata per la prima volta al Teatro della Scala a Milano nel 1851 fino ad oggi, il *Rigoletto* è stato rappresentato migliaia di volte.

Quest'opera, nondimeno, è soltanto una delle tante opere che fanno parte della ricchissima tradizione operistica italiana che risale a molti secoli fa. Infatti l'opera italiana, o melodramma — cioè dramma musicato — come fu chiamato dai suoi inventori, nacque a Firenze verso la fine del secolo sedicesimo. Un piccolo gruppo di musicisti, sotto la direzione di Vincenzo Galilei, padre del famoso scienziato, cominciò a riunirsi in casa del Conte Bardi con il proposito di dare alla musica un nuovo orientamento. Questo gruppo fu chiamato *La Camerata dei Bardi* o *Camerata Fiorentina* e il risultato principale delle sue ricerche sulla musica degli antichi Greci fu appunto la creazione del melodramma.

Per tutto il secolo diciassettesimo il melodramma ottenne gran successo, prima nelle corti dei principi e poi nei teatri pubblici. Grandi musicisti, come Jacopo Peri e Claudio

Monteverdi dettero al melodramma dei veri capolavori artistici. Jacopo Peri scrisse la prima opera, *Dafne*, nel 1597. Claudio Monteverdi (1567–1643), uno dei piú grandi compositori italiani, scrisse l'opera *Orfeo* e la famosa aria dell'*Arianna*, "Lasciatemi morire."

Dalle origini fino ai tempi moderni la tradizione dell'opera in Italia non è mai stata interrotta. I nomi dei grandi musicisti come Giovanni Battista Pergolesi (1710–1736), Gioacchino Rossini (1792–1868), Gaetano Donizetti (1797–1848), Vincenzo Bellini (1801–1835), Giuseppe Verdi (1813–1901), Giacomo Puccini (1858–1924), e Pietro Mascagni (1868–1945) sono gli anelli di questa catena. Forse non tutti conoscono l'opera comica del Pergolesi *La serva padrona*, ma tutti riconoscono qualche aria dell'opera buffa del Rossini *Il barbiere di Siviglia*. E poi chi non conosce la *Lucia di Lammermooor* di Donizetti, la *Norma* di Bellini, l'*Aida* di Verdi, la *Bohème* di Puccini, e la *Cavalleria rusticana* di Mascagni, per fare il nome di alcune delle piú note?

GIACAMO PUCCINI

Che cosa è un'opera? Un'opera è un dramma o una commedia in cui gli attori non recitano la loro parte, ma la cantano. Il testo cantato di un'opera si chiama "libretto"; se il libretto è un dramma o una tragedia, il lavoro si chiama semplicemente "opera"; se invece il libretto è una com- 5 media, il lavoro si chiama "opera buffa". Siccome l'opera fu un'invenzione italiana, la terminologia è quasi tutta italiana in tutte le lingue del mondo. Cosí, per esempio, i nomi che distinguono le diverse voci dei cantani sono italiani: tenore, baritono, basso (voci maschili); soprano, mezzo soprano, 10 coloratura (voci femminili). E non dimentichiamo il "Bel canto", che si riferisce alla perfetta educazione della voce, e che fiorí nei secoli diciassettesimo e diciottesimo.

Come abbiamo indicato, Mascagni morí nel 1945, ma la sua *Cavalleria rusticana* risale al 1890 e *Madame Butterfly* 15 di Puccini al 1904. Dopo la prima guerra mondiale l'opera ha continuato a fiorire, anche se non con il vigore del secolo scorso. I maggiori compositori d'opera italiana di questo periodo sono Alfredo Casella (1883–1947), Gian Francesco Malipiero (1882–1973), e Luigi Dallapiccola (1904–   ). 20 Casella insegnò sia a Parigi che all'Accademia di Santa Cecilia a Roma. Malipiero, che ha composto molta musica di ogni genere, è stato direttore del Conservatorio di Venezia. Luigi Dallapiccola insegna al Conservatorio di Firenze; la sua opera *Il prigioniero* è scritta col metodo di musica dode- 25 cafonica che risale al compositore Arnold Schönberg. Oggi l'opera è ancora uno degli spettacoli musicali piú coltivati in tutto il mondo civile, e in Italia la tradizione continua a vivere nei grandi teatri come La Scala di Milano, il San Carlo di Napoli, il Teatro dell'Opera di Roma, ed il Teatro 30 Massimo di Palermo.

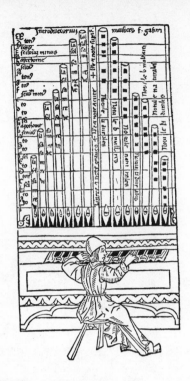

Musica italiana

31 L'influsso delle riforme musicali apportate dalla *Camerata dei Bardi* e dai suoi successori non si limitò all'opera solamente. Nel tardo Seicento, e nel Settecento, nacque in Italia la musica sinfonica, le cui norme compositive furono fissate dai musicisti di quel tempo, quali Domenico Scarlatti, Arcangelo Corelli, Antonio Vivaldi, Baldassare Galuppi ed altri. Anche in questo campo troviamo che la terminologia è in gran parte italiana nel nome delle composizioni (*sonata, fuga, concerto*), nel nome degli strumenti (*violino, violoncello, viola da gamba, pianoforte*), e nelle parole usate per indicare il carattere di un movimento e di una composizione (*adagio, lento, allegro, con brio, fortissimo*).

Ma ritorniamo un passo indietro nel tempo. La storia della musica italiana comincia con l'*Ars Nova* con cui s'indicò nella seconda metà del Trecento il nuovo movimento della polifonia profana. L'*Ars Nova* corrisponde alla poesia della *Vita Nuova* di Dante e a quella di altri poeti contemporanei. Le sue forme principali furono la ballata, il madrigale e la caccia, e il compositore principale Francesco Landino (1325–1397), un organista cieco. Il centro ne fu specialmente la Toscana. Verso la fine del Trecento, con il ritorno dei papi da Avignone in Italia notiamo degli influssi francesi e fiamminghi. Nel pieno Rinascimento, cioè nel Cinquecento, in Italia vi sono due scuole di musica sacra: una a Roma e l'altra a Venezia. Nella prima domina Pier Luigi Palestrina (1525–1595) e lo stile *a cappella*, cioè la musica per voci sole. Il Palestrina, fra altro, scrisse la musica di molte messe, tra cui è molto nota la *Missa Papae Marcelli* (cioè la *Messa di Papa Marcello*). Il Palestrina creò un modello di musica sacra che anche ai giorni nostri corrisponde degnamente allo spirito del culto. La musica sacra fiorí anche a Venezia, ma qui insieme alla voce umana hanno grande importanza gli strumenti. Durante il Rinascimento nella musica profana grande importanza ha il madrigale che si presta a vari effetti suggeriti dai testi poetici.

Abbiamo già veduto lo sviluppo dell'opera che trattava soggetti profani. Nel tardo Rinascimento si sviluppò anche l'*oratorio*, che è un componimento musicale di soggetto religioso, che derivava dalle laudi cantate negli oratori, specialmente nell'oratorio di San Filippo Neri a Roma. L'oratorio si sviluppò specialmente a causa della diffusione dello stile del canto monodico accompagnato. La trama, naturalmente, derivava dalla Bibbia e da altre fonti religiose. Fra i numerosi compositori di oratori basterà ricordare Giacomo Carissimi (1605–1674) e Gian Battista Pergolesi (1710–1736).

Nel Rinascimento fiorí anche la musica strumentale, e sappiamo che eccellenti complessi di strumenti esistevano nelle corti di Ferrara, Firenze e Venezia. Già nei primi decenni del Seicento i virtuosi italiani fanno conoscere la loro tecnica all'estero; una tecnica che più tardi conterà i nomi famosi di Arcangelo Corelli (1655–1713) e Niccolò Paganini (1782–1840). Ma l'Italia non ha eccelso soltanto nell'arte e nella tecnica del violino; anche il violoncello può dirsi uno strumento tipicamente italiano. Nel Seicento un celebre violoncellista e compositore per il violoncello fu Domenico Gabrielli (1655–1690). Ma nel campo della musica strumentale non possiamo dimenticare il nome di uno dei piú grandi musicisti italiani di tutti i tempi, Antonio Vivaldi (1675–1743). Vivaldi fu maestro di cappella in varie città italiane, fra cui Milano e Roma. Compositore, attivissimo, scrisse lavori di ogni genere. Fra i lavori strumentali, scrisse vari "concerti grossi," e anche concerti solistici per violino, viola d'amore e altri strumenti. Lo stile del Vivaldi è di grande importanza storica, come dimostrano le edizioni nazionali ed estere delle sue opere, e lo studio dedicato alla sua musica in Italia, in Francia, in Olanda, e soprattutto in Germania dove ebbe la profonda ammirazione di Johann Sebastian Bach. Oggi, grazie al rinnovato gusto per la musica da camera e al numero di importanti orchestre da camera, la musica di Vivaldi risuona spesso nelle sale da concerto di tutte le parti del mondo.

L'Italia ha dunque apportato un contributo fondamentale allo sviluppo della musica del mondo occidentale. Oggi la musica rimane una delle arti piú coltivate in Italia e, anche se i musicisti italiani sono molto attivi nel campo della musica moderna — basti pensare alla musica elettronica di Luigi Nono e agli esperimenti di musica col computer — le antiche tradizioni non sono dimenticate del tutto.

Una lettera a Elio Martelli

32 Stamani alle dieci Roberto aveva un appuntamento con il professor Bertelli. Si è svegliato presto, si è alzato, e prima di colazione ha scritto questa lettera al suo amico Elio di Bologna.

TIVOLI: VILLA D'ESTE

Roma, 9 agosto, 19....

Caro Elio,
    Spero che mi scuserai se non ti ho scritto
prima. Come sai Nanda è stata a Roma fino a pochi giorni fa. Ora si trova a Fregene con degli amici, e fra una settimana farà ritorno a
Milano. Mi ha detto che si fermerà un paio
di giorni a Bologna a casa vostra, e lei ti
dirà quello che ho fatto da quando ci siamo
detti addio alla stazione di Bologna. Insomma, tutto promette bene. Ieri sono andato
a vedere una camera presso una famiglia in
Via Po; è molto grande e ariosa, e c'è posto
anche per il mio cavalletto. Inoltre dà sul
giardino di Villa Borghese. Ho quasi deciso
di prenderla per quattro o cinque mesi;
quando mi sarò stabilito, ti manderò l'indirizzo preciso.
    Roma è veramente affascinante: non solo
la città stessa con le sue vie, le sue piazze
e le belle fontane, ma anche la campagna
circostante con gli acquedotti, i tipici pini
a ombrello, e i graziosi paesi dei Castelli
Romani. A proposito dei Castelli Romani, ho
saputo che in ottobre a Marino ci sarà la
Sagra dell'Uva, ed io non mancherò di andarci. La Sagra dell'Uva è una festa animata
con illuminazione delle vie e delle piazze,
fuochi artificiali, processione religiosa,
benedizione dell'uva, ecc. Mi hanno detto
che durante la festa c'è una fontana che
getta vino invece di acqua!
    Con Nanda una domenica siamo andati a
Tivoli a visitare la Villa d'Este, una delle

piú belle ville del Rinascimento: non ho mai veduto tante fontane! Ma, come sai, Roma è la città delle fontane, e alcune, come quella di Trevi, quella dell'Esedra, e quelle di Piazza Navona, la sera sono illuminate e presentano un colpo d'occhio indimenticabile.

Naturalmente, dato che l'arte m'interessa in modo speciale, ho già visitato due o tre musei. Senza dubbio, quando avrò visitato i principali musei e le varie gallerie, dovrò ricominciare da capo, poiché avrò dimenticato tante cose. Inutile dire che, anche se io m'interesso soprattutto di arte moderna, gli affreschi di Michelangelo nella Cappella Sistina e quelli di Raffaello nelle Stanze del Vaticano mi entusiasmano in modo particolare.

Ho visitato anche alcune delle innumerevoli chiese e basiliche romane. San Pietro è un mondo in se stesso: con la sua cupola nobile e ariosa, con le sue navate immense ma perfettamente proporzionate, con i suoi quarantacinque altari, e poi, con quel colonnato del Bernini che abbraccia l'immensa piazza su cui domina l'imponente facciata della cattedrale. Ma sai? Io mi sento attirare irresistibilmente dalle "vecchie" chiese che, a dispetto delle trasformazioni fatte in tempi meno remoti, riportano il visitatore ai primi secoli del cristianesimo: San Clemente, Santa Maria in Cosmedin, e specialmente Sant'Agnese. Non ho ancora avuto tempo di scendere in una delle catacombe, ma come si fa? O prima o poi dovrò farmi una specie d'itinerario, cosí tutti i giorni avrò un programma preciso.

Ti ricordi quando mi spiegasti la differenza fra lingua e dialetto in Italia? Ho notato che a Roma il dialetto è piuttosto facile, e che l'accento dei Romani è aperto. L'altro giorno ho sentito un proverbio che sono certo non è molto comune a Firenze: "Lingua toscana in bocca romana."

Perché non fai una scappata a Roma qualche volta? Sarei felice di rivederti e di girare un po' per la capitale in tua compagnia.

Tanti saluti cordiali a te e ai tuoi genitori, tuo

Roberto

Risposta di Elio a Roberto

33

Bologna, 11 agosto, 19....

Caro Roberto,

Sono ritornato oggi a Bologna e ho trovato la tua lettera da Roma che era arrivata ieri l'altro. È stata proprio una gradita sorpresa e mi ha fatto tanto piacere avere tue notizie. Sono stato a Venezia, al Lido, per una settimana di meritato riposo, poiché da quando sono ritornato in Italia sto lavorando seriamente ad un lungo articolo per una rivista di economia politica.

Venezia, e particolarmente il Lido, è sempre stata per me il luogo ideale per riposare. So che tu non hai ancora avuto l'occasione di visitare quella città, ma spero che tu lo possa fare presto. È veramente una città incantevole e cosí diversa dalle altre città italiane, infatti da qualsiasi città del mondo, e non solo nel suo aspetto fisico, ma anche nella sua storia, nei suoi costumi e nelle sue leggende.

Sono sicuro che quando visiterai Venezia per la prima volta ti domanderai, come feci io, come questa singolare città sia nata. Molti secoli fa essa fu fondata dagli abitanti delle pianure e dei monti circostanti che, fuggendo dagli invasori, cercarono rifugio nelle paludi lungo la costa. A poco a poco si sviluppò la città, che oggi consiste di circa 160 canali che racchiudono piú di 115 isolotti comunicanti tra loro per mezzo di circa 400 ponti. Il canale maggiore, come saprai, è il Canal Grande. Quando arriverai alla stazione di Venezia e uscirai fuori ti troverai proprio sul Canal Grande giacché a Venezia non ci sono strade. Per andare all'albergo potrai prendere o una gondola o il vaporetto che lí corrispondono rispettivamente al tassí e all'autobus. Io ti consiglierei di andare in gondola, cosí potrai godere con agio la bellezza e il fascino della città. Tu che sei pittore ti accorgerai subito che una delle caratteristiche di Venezia è l'abbondanza e la varietà dei colori che dappertutto ti circondano trasportandoti in un mondo di fantasia.

Il Canal Grande traversa tutta la città e sbocca nella laguna vicino a Piazza San Marco, il cuore della città. Dalla Piazzetta attigua a Piazza San Marco, guardando verso la laguna si vede l'isola di San Giorgio, molto vicina, e in lontananza il Lido che protegge la laguna e la città dai temporali del mare. Procedendo verso Piazza San Marco c'è il Palazzo dei Dogi a destra e il Campanile a sinistra, poi proprio davanti alla grande piazza, sempre a destra c'è la chiesa di San Marco. Come artista noterai subito la prevalenza di elementi bizantini fusi con un'armonia inaspettata con l'architettura gotica. Come sai, Venezia, che per molti secoli fu una repubblica marinara, fu sempre legata al Vicino Oriente e a Bisanzio, e questo legame ha lasciato un'impronta incancellabile nell'aspetto della città. Lasciando Piazza San Marco e infilando una

delle "calli" che vi sboccano, si può girare
per ore, e ogni angolo, ogni casa, ogni canale, ha un aspetto diverso, un fascino speciale. Io passo delle ore ad ammirare nelle
vetrine dei negozi i magnifici articoli di
cuoio e d'argento; gli oggetti di vetro
della famosa isola di Murano, e i merletti
dell'isola di Burano.

Mi accorgo che invece di scriverti una
lettera ti ho presentato un documentario su
Venezia. Spero che non ti dispiaccia e che
ti sproni a visitare la "Regina dell'Adriatico" al piú presto possibile. Come sai, io
sono bolognese di nascita, ma per vocazione
mi sento veneziano.

Tanti cari saluti dai miei genitori che
ti ricordano con affetto e sperano che tu
venga presto a visitarci di nuovo. Nanda mi
ha scritto del vostro incontro a Roma e
della serata all'opera. Ricordati che le tue
lettere mi sono sempre gradite. Auguri e
saluti cordiali, tuo

VENEZIA: MERCATO DEL PESCE

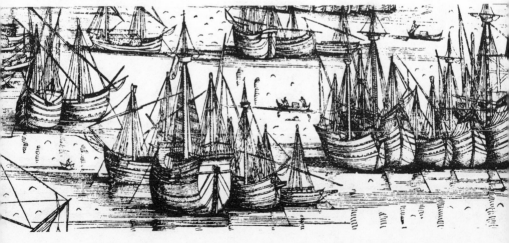

VENEZIA: PALAZZO DEI DOGI

Una gita a Ostia

34

È il quindici d'agosto, o, come si dice in Italia, è Ferragosto. È festa in tutta l'Italia, e poiché è ancora piena estate e il tempo è bello, molti sono andati in montagna o al mare. In Italia, quando viene l'estate, tutti vogliono andare in villeggiatura, ma naturalmente non tutti possono permettersi il lusso d'una lunga villeggiatura: alcuni devono contentarsi di pochi giorni. La festa di Ferragosto coincide con una festa religiosa, l'Assunzione. Per Ferragosto tutti fuggono il caldo delle città: i treni e gli autobus sono gremiti di gente, e le strade che conducono ai monti e alla spiaggia 10 formicolano di automobili e di motociclette.

Roberto è stato invitato a passare il pomeriggio a Ostia da un amico americano che abita là con la moglie italiana. Ostia è una delle spiagge preferite dai romani: è vicinissima a Roma, e il treno elettrico della Metropolitana fa il tragitto 15 in poco piú di mezz'ora.

Sono le tre del pomeriggio, e Roberto è sdraiato sulla spiaggia con i suoi amici John e Marina Sutton. La bambina dei Sutton, che ha tre anni, gioca con degli altri bambini sulla sabbia.

5 *John* — A che ora sei partito stamani?

Roberto — Alle nove, ma come dicevo poco fa a tua moglie, mi sono fermato a visitare gli scavi di Ostia Antica.

John — Ti è piaciuta?

Roberto — Moltissimo. È evidente che in tempi antichi
10 era un porto molto importante.

Marina — Luisa, non andare vicino all'acqua. Luisa! Ti ho detto di non andare vicino all'acqua, hai capito?

Roberto — La vostra bambina è un amore.

Marina — A chi crede che somigli, a me o a John?

15 *Roberto* — Veramente non so, ma mi pare che abbia gli occhi e i capelli come i Suoi.

John — No, no, ti sbagli. Non vedi che è bionda come me?

Roberto — È vero. Somiglia un po' a tutti e due.

20 *Marina* — Perché non le fa un ritratto qualche volta? Mi dice John che Lei è veramente un bravo pittore.

Roberto — Volentieri. Un'altra volta porterò carta e colori, e in un'oretta le farò un ritrattino. Infatti voglio ritornare a Ostia Antica per fare uno schizzo di un bellissimo
25 mosaico.

Marina — Avete fame, ancora? Ho portato un cestino con dei panini imbottiti di mortadella e di formaggio.

John — È un'ottima idea. Non ho mangiato niente da stamani, e sono certo che anche Roberto avrà appetito.

30 *Roberto* — Io ho piú sete che fame.

Marina — Ci sono due bottiglioni di aranciata e d'acqua minerale.

John — Vuoi che vada a prender Luisa? È là con quel bambino.

35 *Marina* — Sí. Dovrà mangiare qualcosa anche lei. E poi non voglio che prenda troppo sole. Portala qui sotto l'ombrellone.

Roberto — Guardi là all'orizzonte, signora, sta passando un piroscafo.

40 *Marina* — Perché mi dà ancora del Lei, Roberto? Ormai siamo amici, diamoci del tu.

Roberto — Grazie, Marina, senz'altro!

John — *(ritorna con Luisa)* Avete visto quel piroscafo? È il *Raffaello*. Viene da Genova, e sembra diretto a Napoli.

Roberto — Allora domani partirà per Nuova York. Io sono venuto in aereo, ma al ritorno voglio viaggiare in piroscafo.

John — È un'ottima idea, cosí potrai portare con te tutti 5 i tuoi quadri e non dovrai pagare il soprappeso come dovresti fare viaggiando in aereo.

Marina — Ma sapete che voi due, sebbene siate americani, parlate l'italiano proprio bene? Lei, volevo dire, tu da quanto tempo sei in Italia, Roberto? 10

Roberto — Da piú di due mesi, ma mi sembra di essere sempre vissuto quà. Tu sai l'inglese, Marina?

Marina — No. Quando io e John ci siamo conosciuti, lui già sapeva l'italiano, cosicché non mi ha mai insegnato l'inglese. 15

Roberto — Dovresti fartelo insegnare. È vero che John si è stabilito a Roma, ma non si sa mai.

John — Il sole sta andando giú, ragazzi; mettiamoci l'accappatoio e ritorniamo a casa.

Roberto — Benissimo. Io ritornerò a Roma con il treno 20 delle nove, ma c'è tempo.

Svaghi domenicali

35

Attraversando il centro di Roma durante la gita a Ostia, Roberto aveva notato che sebbene fosse giorno di festa, le vie erano gremite di gente. Non era la prima volta che se ne accorgeva, avendo già notato la stessa cosa altri giorni di festa e la domenica in altre città italiane. Questa volta, però, incuriosito, decise di chiedere qualche spiegazione agli amici, e la sua curiosità fu presto soddisfatta.

Roberto spiegò ai suoi amici che in quasi tutte le città degli Stati Uniti il centro è deserto la domenica. La ragione è che il centro delle città americane è di solito il centro del mondo degli affari e del commercio, e che poca gente vi abita. Coloro che lavorano al centro abitano nei sobborghi della città e naturalmente la domenica nemmeno si sognano di andare al centro. Gli amici di Roberto furono alquanto sorpresi e si affrettarono a spiegargli che in Italia succede proprio il contrario. Il centro di una città italiana è di solito anche il centro della vita mondana. I piú grandi caffè, i teatri, molti cinematografi e altri luoghi di divertimento

sono al centro. È naturale, quindi, che la domęnica la maggiǫr parte della popolazione si riversi verso la parte centrale della città. Questo è vero nelle grandi metrǫpoli, nelle piccole città, e perfino nei paesi.

Quando Roberto domandò ingenuamente che cosa facęssero tutte queste persone al centro della città, gli amici gli rispǫsero ridendo: "Cosa vuoi che facciano? Passęggiano, oppure vanno al caffè o al cinematǫgrafo!" Non è raro vedere una famiglia italiana che la domęnica prende il tram o l'autobus per andare al centro. Lí, passęggia per la via principale o in giro alla piazza, si ferma davanti alle vetrine, e poi verso sera riprende il tram o l'autobus e ritorna a casa. In altre parole, gli abitanti delle città italiane consįderano il centro come una spęcie di ritrovo pubblico, dove s'incǫntrano gli amici, si discutono gli affari o la polįtica, e si passęggia per il sęmplice piacere di passeggiare.

In Italia tutto questo è reso possibile dal gran numero di caffè che si trovano dappertutto. Il caffè è veramente un'istituzione importante nella vita italiana e in quella di molti altri paesi europei. Ogni caffè, oltre alla clientela generale, ha una clientela speciale; in un dato caffè si riuniscono scrittori ed artisti, in un altro uomini d'affari, in un altro gli sportivi, e cosí via. Come abbiamo veduto i piú importanti caffè sono al centro. In alcune città piú grandi come Roma e Milano, vi sono "centri rionali," ossia centri di minore importanza, ma anche lí è difficile trovare chi non vada al centro almeno una volta alla settimana.

Naturalmente non tutti vanno al centro. Molti vanno ai giardini pubblici o rimangono vicino a casa, e molti vanno a fare una gita in automobile; ma in generale si può dire che grande parte della vita sociale italiana si svolge al centro della città. Forse l'esempio piú pittoresco di quanto abbiamo detto è Piazza San Marco a Venezia. La domenica — ma anche la sera degli altri giorni della settimana durante l'estate — questa piazza è come un grandissimo salotto. Se il tempo lo permette mettono i tavolini dei caffè all'aperto, e centinaia di persone vi si siedono per leggere il giornale, per conversare, o semplicemente per guardare i passanti. Nel resto della piazza, dove non ci sono tavolini, la gente passeggia avanti e indietro chiacchierando e guardando. Molti dei caffè hanno un'orchestrina che suona musica popolare, e la domenica c'è anche la banda municipale che dà dei concerti.

Ma questo semplice passatempo domenicale e festivo non lo troviamo soltanto a Venezia: lo troviamo in tutte le città e i paesi italiani che hanno una piazza, e quale città o paese italiano non ha una piazza, anche se non cosí grande come Piazza San Marco a Venezia?

Verso Cinecittà

Roberto si è appena alzato. Ha fatto la doccia e ora si sta vestendo in fretta. Sono già le sette e mezza passate e alle otto e un quarto deve trovarsi davanti alla pensione dove passeranno a prenderlo i suoi amici John e Marina Sutton. John, che come sappiamo è in Italia da diversi anni, è regista e ha promesso a Roberto di portarlo a visitare gli studi di Cinecittà. Roberto si sta facendo il nodo alla cravatta quando la cameriera della pensione bussa alla porta. **36**

— Signor Roberto, la colazione!

— Avanti, avanti, Angelina.

La cameriera entra portando il vassoio della colazione che posa sul tavolo.

— Guardi che il cappuccino è bollente.

— Va bene, grazie, Angelina — dice Roberto mentre s'infila la giacca; e senza perder tempo si mette a sedere e comincia a mangiare uno dei due panini dopo averlo coperto abbondantemente di marmellata.

— Che piacere vederLa mangiare, ha sempre tanto appetito! Ha bisogno d'altro, signor Roberto?

— No, grazie; anzi sí, vorrei far pulire il mio abito grigio.

— Senz'altro; non si preoccupi, me lo dia e ci penso io. Lo faccio portare subito alla tintoria.

— Eccolo.

— Va bene. Nient'altro?

— Per ora no, grazie.

— Allora, si diverta a Cinecittà — dice la cameriera, e esce.

Roberto divora l'altro panino, finisce il cappuccino e scende giú nella via. Sono le otto e dieci. "È ancora presto e ora dovrò aspettare," pensa Roberto. "Avrei anche potuto mangiare con piú calma." Ma proprio allora vede spuntare all'angolo l'Alfa Romeo di John che in pochi secondi si ferma davanti a lui.

— Buon giorno, buon giorno!

— Buon giorno, Marina, buon giorno, John!

— Ti dispiace se lasciamo la macchina scoperta? Cosí si vede meglio — dice John — e poi stamani non fa punto freddo.

— No, no, cosí va benissimo — risponde Roberto. — Fa un po' freschetto, ma è una bella giornata. Dunque cosa mi farete vedere a Cinecittà?

— Vedrai gli studi. Stanno girando due pellicole ora. Hai mai visto girare una pellicola?

— No, mai. Sarà interessante.

— E naturalmente ti farò conoscere qualche attore e qualche attrice — continua John.

— Specialmente qualche attrice, vero? — domanda Marina ridendo.

— E perchè no? — dice Roberto, ridendo anche lui. — Fa sempre piacere conoscere una bella ragazza.

— Sentilo, il Don Giovanni!

Mentre gli amici parlano e scherzano la macchina è uscita da porta San Giovanni e corre sulla Via Appia Nuova. Roberto guarda verso le colline e riconosce i Castelli Romani: Frascati, Castel Gandolfo, Tivoli... Poi dice volgendosi a John:

— Come va che ti sei stabilito in Italia?

— Non so se veramente mi sono stabilito definitivamente in Italia — risponde John. — Venni qua per la prima volta alcuni anni fa per dirigere una pellicola americana che si girava in Italia, poi ho sempre trovato da fare, o per compagnie americane, o italiane o inglesi; e cosí sono rimasto qua.

— Mi sembra che tu abbia dimenticato qualche dettaglio — dice Marina.

— Che dettaglio? — domanda John. Poi capisce e si mette a ridere. — Già, un piccolo dettaglio... ossia che ho sposato una romana che non vuole lasciare Roma...

La macchina rallenta.

SOFIA LOREN

— Eccoci, siamo arrivati. — E cosí dicendo, John ferma la macchina al posteggio.

— È un posto enorme! — esclama Roberto guardandosi attorno.

— È uno dei piú grandi studi cinematografici del mondo — dice John. — Come saprai, dalla fine della guerra l'industria cinematografica è diventata molto importante in Italia.

— Già, infatti ho visto diverse pellicole italiane in America.

— Dove cominciamo? — domanda Marina.

— Sarà meglio cominciare dallo studio centrale — dice John. Poi volgendosi a Roberto: — Allora sei pronto a fare la conoscenza di qualche "stella"?

— Per questo sono sempre pronto — risponde Roberto sorridendo.

E i tre si avviano verso un padiglione enorme.

ROBERTO ROSSELLINI

Il cinema italiano

37
La storia del film italiano risale ai primi anni del Novecento, e se prendiamo in considerazione i primi cortometraggi, alla fine dell'Ottocento.   Il piú famoso film "spettacolare" fu *Cabiria* che è dell'anno 1914.   Il sistema delle "dive" pare sia originato in Italia verso il 1910.   La famosissima attrice ⁵ Eleonora Duse apparve in un solo film tratto dall'opera omonima di Grazia Deledda, *Cenere,* nel 1916.   Quale precursore del neorealismo è importante ricordare *Sperduti nel buio* di Nino Martoglio (1914).

La prima guerra mondiale dette un colpo quasi mortale al film italiano, e fu solo coll'avvento del suono che ebbe una rinascita, particolarmente per opera del governo fascista che ne capí la potenziale importanza propagandistica. Fu durante il fascismo che fu creato il Centro Sperimentale di Cinematografia, una delle piú importanti scuole del genere del mondo. Fu a questo centro che impararono i giovani che contribuirono al rinascimento del film italiano e mondiale dopo la seconda guerra mondiale con il neorealismo. E cosí arriviamo a *Roma, città aperta* di Roberto Rossellini (1945). Il periodo che si apre con *Roma, città aperta,* e che si chiude con *Umberto D.* di Vittorio de Sica (1951) è detto quello del neorealismo. Secondo i critici piú autorevoli il neorealismo ha rivoluzionato la tecnica e l'estetica cinematografica di tutto il mondo. I tre direttori piú famosi di questo periodo sono Roberto Rossellini (*Roma, città aperta,* 1945, *Paisà,* 1946), Vittorio de Sica (*Sciuscià,* 1946, *Ladri di biciclette,* 1948, *Miracolo a Milano,* 1950, *Umberto D.,* 1951), e Luchino Visconti (*La terra trema,* 1947).

VITTORIO DE SICA

Il film italiano prese una nuova, importante direzione negli anni cinquanta con Michelangelo Antonioni, Luchino Visconti e Federico Fellini che si possono considerare i registi piú rappresentativi e piú importanti fino ad anni recentissimi. Con sfumature diverse, essi hanno tentato di rendere artisticamente la problematica odierna dell'uomo alienato e conscio della virtuale impossibilità di comunicazione. Tra i film di Antonioni ricordiamo *Le amiche* (1955), l'*Avventura* (1960), *Il deserto rosso* (1964), *Blow-up* (1967), e *Zabriskie Point* (1970). Federico Fellini è uno dei registi italiani piú noti e piú studiati. Di Fellini ricordiamo *La strada* (1954), *La dolce vita* (1960), *Satyricon* (1969), e *Fellini-Roma* (1971–72).

Recentemente altri registi italiani sono apparsi all'orizzonte: tra questi rammentiamo solo Marco Bellocchio, *I pugni in tasca* (1965), *La Cina è vicina* (1967), e Bernardo Bertolucci che si sta affermando quale uno dei massimi poeti del film con opere quali *Prima della rivoluzione* (1964), *Il conformista* (1970), e *Ultimo tango a Parigi* (1972).

ANTONIONI

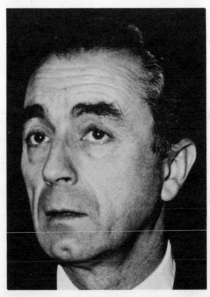

Artigianato italiano

38

È stato detto e scritto molte volte che dopo la Seconda Guerra Mondiale in Italia c'è stata una specie di rinascita in vari campi: nel campo artistico e cinematografico, nella letteratura, nell'industria, nella moda, e in generale nell'artigianato. Nel dopoguerra si è notata una incoraggiante rinascita, anche nell'Italia meridionale, zona prevalentemente agricola, dove, grazie specialmente agli aiuti della Cassa del Mezzogiorno, si fanno grandi bonifiche agricole, si costruiscono strade, e sorgono anche varie industrie. Dappertutto il viaggiatore nota grande attività e ottimismo: dappertutto un grande desiderio di migliorare il tenore di vita delle classi meno abbienti.

All'estero tutti sanno che Roma è diventata un centro importante dell'industria cinematografica, e che in Italia si costruiscono delle famose automobili, macchine da cucire, e macchine da scrivere. Molto apprezzati sono i tessuti italiani, e in alta stima è tenuta la moda italiana, femminile e maschile. Tutti gli anni molti rappresentanti di grandi negozi e molti giornalisti stranieri si recano in Italia per assistere alla presentazione di nuove creazioni della moda italiana a Firenze e a Roma.

LA MODA ITALIANA

Il turista che visita l'Italia si rende subito conto che, sebbene l'Italia sia un paese che ha fatto passi giganteschi nell'industria moderna, rimane allo stesso tempo un paese che ha un artigianato molto cospicuo. In tutte le città, le vie
5 e le piazze hanno numerosi negozi che mettono in mostra i prodotti dell'artigianato italiano in elegantissime vetrine.

In Italia molti articoli sono ancora fatti a mano e su misura: per esempio, gran parte delle signore e degli uomini, invece di acquistare un vestito o un abito già confezionato,
10 hanno una sarta o un sarto preferito; e fino a un certo punto, questo è vero anche per le calzature: invece di comprare le scarpe già fatte, alcuni si fanno ancora fare le scarpe su misura.

Famose in tutto il mondo sono le ceramiche artistiche
15 italiane. L'arte della ceramica è antichissima, e nei musei italiani si ammirano tuttora le antiche ceramiche etrusche, che risalgono all'epoca pre-cristiana. Sebbene in Italia quest'antica arte si trovi nelle varie regioni della penisola, noti in special modo sono i prodotti di Faenza, nella valle del
20 Po, di Deruta e di Gubbio vicino a Perugia, e di Vietri vicino a Napoli.

Firenze è nota anche per gli articoli di paglia — scarpe, cappelli, borsette, cestini — per la lavorazione artistica di oggetti in cuoio — portasigarette, borse, scarpe, ecc. — e per
25 quella dell'argento. Sempre in Toscana, conosciuti in tutto il mondo sono gli oggetti in marmo che da secoli si fanno a Carrara e nei vari paesi che si trovano ai piedi delle Alpi Apuane dove sono le grandi cave di marmo. Il viaggiatore

149

che percorre la strada o la ferrovia che va dalla Spezia a Pisa, non può fare a meno di notare le montagne di marmo che riflettono come tanti specchi il sole del pomeriggio.

Famosi, poi, sono i merletti ricamati veneziani, e i vari oggetti di vetro — candelabri, vasi, collane, ecc. — che si fanno a Venezia e nella vicina isoletta di Murano. Ma bisogna dire che l'arte del ricamo e del vetro sono diffusissime in Italia, e bellissimi, per esempio, anche se non molto famosi sono i ricami delle donne e delle fanciulle di Taormina.

E a Napoli? A Napoli si fanno dei meravigliosi lavori in corallo, in madreperla, e in tartaruga.

Sí, l'Italia è anche oggi un paese di contrasti: il nuovo e il vecchio, il moderno e l'antico, l'artigianato e la grande industria si danno la mano dovunque.

ARTIGIANATO DI CHIETI

LEONARDO DA VINCI: AUTORITRATTO *Anderson Photo*

Alcuni grandi scienziati italiani

Non v'è dubbio che il popolo italiano abbia sempre avuto un'inclinazione speciale per tutto ciò che è artistico; tuttavia, è importante tener presente che le facoltà inventive degl'Italiani non si sono manifestate soltanto nel campo artistico, ma si sono rivelate anche in quello della scienza.

39

Nel Medioevo furono famosissime in tutta l'Europa la scuola di medicina di Salerno, e l'Università di Bologna, la prima università europea, fondata nell'anno 1076.

In Italia, come nel resto dell'Europa, la scienza nel senso moderno di "studio attento e controllato" della natura, sorse nel Rinascimento, quando cioè l'uomo si liberò dalla tradizione e dallo scolasticismo, e si volse al gran libro della natura. Al principio di questo risveglio troviamo la figura gigantesca di Leonardo da Vinci (1452–1519), il prototipo dell'*uomo universale* del Rinascimento. È vero che Leonardo fu un sommo pittore e artista, ma egli fu altrettanto grande

come scienziato. Chi non ha veduto alcuni dei suoi numerosi schizzi e disegni che illustrano i suoi studi e le sue ricerche d'anatomia, zoologia, biologia, e ingegneria? Nel museo di Vinci, il piccolo paese dov'egli nacque, il visitatore resta meravigliato davanti ai modelli delle numerose macchine ch'egli ideò, anticipando l'aliante, il paracadute, il sommergibile, il carro armato, ed altre ancora. Leonardo fu uno spirito veramente moderno, ma egli fu un solitario nel suo secolo, poiché non era ancora giunto il momento del vero studio delle scienze: c'erano ancora troppi pregiudizi, e i principi che erano i mecenati degli artisti e degli studiosi, s'interessavano piú d'arte che di scienza.

La vera tradizione scientifica moderna s'inizia con un altro grande: con Galileo Galilei (1564—1642), che combatté per liberare la scienza dalla tradizione e applicò ad essa il metodo matematico, difese la tesi copernicana del moto della terra intorno al sole, e con il suo telescopio iniziò l'era scientifica dell'astronomia. Galileo determinò il peso specifico dei solidi e fece delle importanti scoperte in matematica e in fisica — chi non ricorda i suoi esperimenti sulla caduta dei gravi e sulle oscillazioni del pendolo che fece a Pisa? — scoprí le macchie solari, le fasi di Venere, gli anelli di Saturno, ecc. Fu un allievo di Galileo, Evangelista Torricelli (1608–1647), che inventò il barometro. Ma ormai era spuntata una nuova aurora: dappertutto si fondavano accademie — come quella dei Lincei (1663) a Roma, e quella del Cimento (1657) a Firenze che prese per motto una frase dantesca "Provando e riprovando" — e l'insegnamento delle scienze entrava a far parte delle materie universitarie.

GALILEO GALILEI LINCEO FILOSOFO E MATEMATICO DEL SER.ᴹᵒ GRAN DVCA DI TOSCA.

A cominciare con il Seicento il numero degli scienziati italiani aumenta rapidamente, e fra i tanti incontriamo: Marcello Malpighi (1628–1694), che a Bologna si serví per la prima volta del microscopio negli studi anatomici; Luigi Galvani (1737–1798), professore di anatomia, e 5 Alessandro Volta (1745–1827), insigne fisico, che fecero delle importantissime scoperte nel campo dell'elettricità, ed ai quali si devono le parole *galvanismo, galvanizzare, volta, voltaggio*, ecc.; Giovanni Schiaparelli (1835–1912), che inventò la dinamo, e molti altri. 10

Ma anche l'elenco più sommario degl'Italiani che diedero il loro contributo alle scienze non sarebbe completo senza due dei piú grandi studiosi dell'era moderna: Guglielmo Marconi (1874–1937), e Enrico Fermi (1901–1954), entrambi vincitori del Premio Nobel per la fisica: al primo, inventore 15 della telegrafia senza fili, risalgono la radio e la televisione; il secondo, aprí l'età atomica producendo la prima reazione atomica a catena.

Sí, è vero che il popolo italiano è un popolo fornito di doti artistiche assai spiccate, ma è anche innegabile che è 20 portato alla ricerca del nuovo, sia ch'esso risieda nella natura intima della materia, sia che si trovi al di là di mari sconosciuti (Cristoforo Colombo, Amerigo Vespucci), o sopra una vetta inaccessibile (scalata del monte K2 [*cappa due*] nell'Himalaia, compiuta da una spedizione italiana nel 1954). 25

154

Napoli e dintorni

40   — Ed ora, Signori, ecco a destra la cosiddetta *Villa dei Misteri*, una delle piú interessanti rovine dell'antica Pompei. Questo edifi̧cio era consacrato a Dioni̧sio, e dentro vedremo i meravigliosi affreschi che rappreşentano appunto il Culto di Dioni̧sio. Prego, Signori, avanti, avanti.

E cosí dicendo la guida entra nell'edifi̧cio seguito da un gruppo di turisti. Tra questi c'è anche Roberto Hamilton che è a Ṇapoli da tre giorni. Oggi ha deciso di fare un'escursione a Pompei e l'esperienza è stata veramente una delle piú singolari che ̧abbia avuto durante il suo soggiorno in Ita̧lia. Uscendo dalla *Villa dei Misteri*, Roberto si trova vicino ad uno degli altri turisti, che gli dice sorridendo:

POMPEI E IL VESUVIO

— Sembra quasi incredibile, vero? Voglio dire, vedere questa città che 2000 anni fa era piena di vita e che improvvisamente fu distrutta da quel vulcano là che sembra inerme.

— Già — risponde Roberto — una cosa tragica, ma affascinante.

Roberto nota che il signore con cui parla è un uomo di circa cinquant'anni, vestito molto accuratamente, che parla con un accento che non gli riesce riconoscere.

— Lei è americano? — domanda il signore.

— Sí — risponde Roberto — ma come fa a saperlo? Dal modo come parlo italiano?

— No, no, anzi l'italiano lo parla bene. Me ne sono accorto dal Suo abito e dalle Sue scarpe.

— Davvero?

— Dovrei aggiungere che essendo proprietario di un negozio di abiti per uomini me ne intendo un po'. . .

— Ha un negozio a Napoli?

— No, a Torino; ecco il mio biglietto da visita.

Roberto lo prende e lo legge. Poi dice:

— Grazie, piacere di conoscerLa, signor Velieri. Io mi chiamo Roberto Hamilton.

E porge la mano al signor Velieri che gliela stringe con effusione.

— Mi sembrava che Lei parlasse con un accento che mi era nuovo — continua Roberto — ma non sapevo che fosse piemontese.

— Mi dica, signor Hamilton, è la prima volta che visita Napoli?

— Sí, sono arrivato tre giorni fa da Roma. Resterò qui qualche altro giorno e poi andrò in Sicilia.

— Io vengo a Napoli tutti gli anni per una diecina di giorni e non manco mai di visitare Pompei e Ercolano. Vengo i primi di settembre perché mi piace assistere alla festa della canzonetta popolare, cioè alla Festa di Piedigrotta. Le piace Napoli?

— Da quello che ho visto sí. Come dicevo sono qui da tre giorni solamente. Sono stato all'opera al San Carlo, ho visitato Posillipo, il Vomero, la Galleria e il Castello Angioino.

— In tre giorni mi sembra che abbia già fatto molto.

— Ma c'è tanto da vedere. Domani farò il giro della costa amalfitana; domani sera mi fermerò a Sorrento, e il giorno dopo ritornerò a Napoli.

DINTORNI DI NAPOLI: POSITANO

— E a Capri non ci va?
— Sí, dovrei andarci venerdí.
— Ah! Bene! E mi raccomando, non dimentichi di andare ad Anacapri.

NAPOLI: APPARTAMENTI MODERNI

Nel frattempo il gruppo di turisti, preceduto dalla guida, è ritornato verso l'autobus che lo riporterà a Napoli. Roberto e il signor Velieri sono gli ultimi a salire e durante il viaggio di ritorno continuano a conversare. L'autobus finalmente si ferma a Piazza del Plebiscito e tutti i turisti scendono.

— Signor Hamilton — dice il signor Velieri — mi permette di offrirLe qualcosa? Possiamo andare nella Galleria che è a due passi.

— Grazie; accetterei volentieri ma proprio non posso. Ho un appuntamento tra un'ora per cena con un amico americano di passaggio per Napoli. Anzi, giacché Lei conosce bene Napoli, potrebbe indicarmi un buon ristorante?

— Senz'altro. Le piace il pesce?

— Sí, molto.

— Allora vada ad uno dei ristoranti sulla marina, in Via Partenope, proprio davanti all'albergo Excelsior.

— Grazie. È stato proprio un piacere conoscerLa.

— Il piacere è stato mio. Non dimentichi di andare a vedere la Festa di Piedigrotta. E mi raccomando, se capita a Torino non manchi di farmi una visita.

161

Feste italiane

41 Abbiamo veduto che per molti secoli l'Italia fu un paese diviso in numerosi piccoli stati, ciascuno dei quali ebbe la propria storia e le proprie vicende. Politicamente l'Italia non fu unificata fino alla fine del secolo scorso. La nuova Italia ereditò i costumi, le tradizioni, e le feste delle varie 5 città e dei vari stati, ma naturalmente, dopo l'unificazione, le differenze fra una parte e l'altra del paese si attenuarono, e oggi molte feste, tradizioni e costumi sono scomparsi. Tuttavia, l'orgoglio locale e l'attaccamento al passato hanno tenuto in vita molte tradizioni, e tutt'oggi l'Italia è uno dei 10 paesi più ricchi di folklore.

In Italia vi sono varie feste: feste religiose, feste civili, fiere locali che spesso hanno luogo il giorno del Santo protettore di un dato paese o borgo, e fiere annuali, generalmente di carattere industriale e commerciale, come la Fiera 15 Campionaria Internazionale di Milano (12–27 aprile), e la Fiera del Levante di Bari (in settembre).

162

Di tutte le feste italiane le piú belle e le piú numerose sono quelle religiose: fra queste interessanti in modo particolare sono la Festa del Redentore a Venezia, la Festa della Madonna di Piedigrotta a Napoli, la Festa dei Ceri a Gubbio,
5 lo Scoppio del Carro a Firenze, e l'Infiorata a Genzano.

La Festa del Redentore risale a un voto dei Veneziani per la liberazione dalla pestilenza del 1575. Ha luogo la terza domenica di luglio, e consiste in una regata di gondole riccamente addobbate e illuminate sulle quali allegre comi-
10 tive cantano e suonano percorrendo i canali. Quindi c'è il tradizionale spettacolo pirotecnico.

La Festa della Madonna di Piedigrotta è senza dubbio la piú famosa e la piú briosa festa napoletana. Dopo diverse cerimonie di carattere religioso che iniziano la festa (i primi
15 giorni di settembre) vicino all'antico santuario di Piedigrotta, seguono dei giorni di gara fra compositori di canzoni

popolari. Le canzoni vengono cantate davanti a un pubblico numerosissimo che ascolta e indica con applausi piú o meno calorosi la canzone che gli piace di piú. Il dialetto napoletano si presta in modo speciale alla canzonetta, e molte delle canzoni che furono in tempi passati applaudite a Piedigrotta, sono diventate famose in tutto il mondo: *'O sole mio, Torna a Sorrento, Santa Lucia, Funiculi-Funiculà,* e altre.

La Festa dei Ceri si celebra ogni anno a Gubbio, vicino ad Assisi, il 15 di maggio, in onore di Sant'Ubaldo. Un cero è una grossa candela di "cera", ma in questo caso i Ceri sono tre torri poligonali alte circa quindici piedi. In cima a ogni cero c'è la statua del Santo protettore di una data Corporazione. Su quello dei muratori c'è la statua di Sant'Ubaldo. I ceri sono portati sulle spalle di uomini robusti, i "ceraioli", che, a un dato segno, fanno di gran corsa tre volte il giro di una piazza e poi salgono sul monte dove c'è il monastero di Sant'Ubaldo.

Lo Scoppio del Carro risale al rito religioso di bruciare il fuoco sacro il giorno del Sabato Santo. Il primo carro fu costruito nel 1305 dopo una vittoriosa Crociata in Terra Santa. Il carro attuale, che fu costruito nel 1700, è alto piú di sessanta piedi. Il giorno del Sabato Santo il carro viene tirato da tre paia di buoi infiorati davanti alla porta del Duomo, dove, per mezzo di un filo, si collega all'Altare Maggiore. Ad una certa ora si dà fuoco a un caratteristico fuoco d'artificio chiamato "La Colombina" che corre lungo il filo e va a "incendiare" il carro.

Interessantissima e tipica di altre simili feste in varie parti della penisola è l'*Infiorata* che ha luogo a Genzano, vicino a Roma, per il Corpus Domini. In questa occasione la

MUSICISTI AMALFITANI

COSTUMI DI LETINO (CASERTA)

via che sale verso la chiesa viene coperta da uno spesso tappeto di fiori. Ogni casa che dà sulla via è addobbata a festa. Il tappeto di fiori che copre la via è fatto di milioni di petali di vari fiori distribuiti in modo da formare dei disegni geometrici bellissimi. Di solito, a un certo punto della via c'è 5 un grande disegno che rappresenta un'immagine religiosa. Tutto questo lavoro per dilettare l'occhio dei presenti per poche ore, poiché a un certo momento la via è naturalmente riaperta alla circolazione!

Fanno parte delle feste religiose anche i presepi, cioè la 10 rappresentazione che si fa nelle chiese, e in piccolo anche nelle case, della stalla in cui nacque Gesú. Alcuni presepi sono delle vere opere d'arte.

Altre feste tradizionali risalgono a tempi remoti, e rievocano la storia e le glorie passate: i costumi, medioevali e 15 rinascimentali, e le antiche armature offrono uno spettacolo indimenticabile. Fra queste il primo posto spetta al Palio di Siena; ma ve ne sono altre, come per esempio il Gioco del Calcio di Firenze, la Giostra del Saracino di Arezzo, e il Gioco del Ponte a Pisa. 20

D'interesse internazionale poi, sono: il Maggio Musicale Fiorentino, durante il quale si danno opere, balletti, e concerti sinfonici nel Giardino dei Boboli, nel Teatro Comunale e nel grandioso Palazzo Pitti, e il Festival del Cinema che ha luogo a Venezia alla fine d'agosto e i primi di settembre, che 25 attira artisti di ogni nazionalità.

Viaggio notturno a Palermo

Roberto è a Napoli da una settimana. Non ha veduto tutto quello che c'è da vedere, però ha visitato i luoghi di maggiore interesse, e poiché oggi è il dodici di settembre, ha avuto anche la fortuna di poter partecipare, come spettatore s'intende, alla Festa di Piedigrotta.

42

Questa sera parte per la Sicilia, e infatti ha già comprato il biglietto, ed è salito a bordo del *Campania Felix,* uno dei piroscafi che fanno servizio fra Napoli e Palermo. Un cameriere di bordo gli ha indicato la sua cabina, e in questo momento sta conversando con Giorgio Mancini, un giovane diciannovenne che occupa la stessa cabina.

— Lei è stato altre volte in Sicilia? — chiede Roberto.

— No, questo è il mio primo viaggio. Ho una sorella che abita con suo marito a Trapani, e vado a farle una visita. E Lei?

— Io, come Le dicevo, sono americano. Prima che incomincino le piogge e il freddo, ho pensato di fare il giro dell'isola e di vedere i punti più interessanti.

— Si tratterrà a lungo a Palermo?

— Soltanto due giorni: poi proseguirò per Selinunte, e da lí andrò a Siracusa, a Catania, a Taormina, e a Messina dove prenderò il treno per Roma.

— Conosce qualcuno a Palermo?

— No. Mi fermerò in un albergo. Ho visto qui nella guida dell'Italia meridionale che a Palermo ce ne sono diversi.

— Allora, se non ha nulla in contrario, possiamo andare allo stesso albergo. Io ho portato con me la mia motocicletta, e domani possiamo visitare la città insieme.

— Grazie. Troppo gentile!

— Le pare! È sempre piú divertente visitare una città che non si conosce con un'altra persona.

— Vogliamo salire sul ponte? Ho visto che stava salendo molta gente a bordo.

— Sí. Sa perché? Stamani è arrivato il *Michelangelo,* da Nuova York, e c'erano diversi passeggeri diretti a Palermo . . . Guardi, il *Michelangelo* è quel piroscafo laggiú.

— Già! Questo spiega tutto questo movimento di passeggeri.

I due giovani si appoggiano alla ringhiera e osservano gli altri passeggeri, e i facchini che portano i bagagli a bordo. Dopo un'oretta tolgono la passerella, e un fischio prolungato annuncia che il vapore sta per partire. Infatti, dopo pochi minuti il rombo dei motori si fa piú forte, e il vapore si stacca dal molo e si allontana verso il mare aperto.

— È un colpo d'occhio incantevole — dice Roberto.

— Sí. La luna è piena, e si vede anche il Vesuvio. Guardi! Vede quelle luci a destra? Sono le luci di Sorrento. C'è stato?

— Sí. Tre giorni fa ho fatto il giro della penisola sorrentina in autopullman.

— Adesso capisco perché i napoletani decantano le bellezze del loro mare e della loro costa.

— (Roberto canta) *Vedi il mare quant'è bello,*
Spira tanto sentimento . . .

— Ah! Anche in America si canta *Torna a Sorrento?*

— Sí . . . ma di solito in inglese! *(Gli offre una sigaretta)* Fuma?

— Sí, grazie. Vogliamo andare nella sala di lettura? Qui sul ponte fa freschino.

— Guardi — dice Giorgio — ci sono due poltrone libere in quell'angolo.

— Scusi se Le sembro curioso, ma Lei di dov'è?

— La mia famiglia abita ad Ancona, sull'Adriatico, ma io vado all'Università di Urbino. C'è stato a Urbino?

— No, ma so dov'è. È il paese di nascita di Raffaello. Quella zona non la conosco affatto.

— Prima di ritornare in America Lei dovrebbe andarci; creda che vale la pena.

— Sí, sí. Forse in primavera. Se non mi sbaglio Urbino e Ravenna sono piuttosto vicine, e voglio assolutamente vedere la tomba di Dante e i mosaici bizantini delle chiese di Ravenna.

— *(Prende due riviste da un tavolo)* Vuole una di queste riviste?

— No, grazie. Voglio leggere questa guida dell'Italia meridionale.

(Fra sé, sfogliando il libro) Basilicata . . . Calabria . . . Sicilia. Eccola!

La Sicilia

43

La Sicilia, la piú grande delle isole italiane, è una delle regioni piú affascinanti d'Italia. La Sicilia è separata dalla penisola italiana dallo stretto di Messina che è largo solamente tre chilometri, quindi le comunicazioni col continente sono state sempre relativamente facili e la storia dell'isola è strettamente legata a quella dell'Italia.

Data la sua posizione strategica (quasi al centro del Mediterraneo), il suo clima mite e la fertilità del suo terreno, durante la sua lunga storia la Sicilia è stata invasa molte volte, e sul suo suolo sono fiorite diverse e splendide civiltà. Due città, Siracusa e Palermo, sono state i centri principali dell'isola attraverso la sua storia. Siracusa era già nel quinto secolo a.C. (avanti Cristo) il centro della civiltà greca che ormai fioriva in tutta l'isola. Anche dopo che il dominio di Roma si estese su tutta l'isola (terzo secolo a.C.), Siracusa ne rimase la città principale. Fu soltanto nel secolo nono dell'era cristiana, durante il dominio arabo, che l'altra grande città, Palermo, diventò la metropoli dell'isola, e tale rimase du-

VECCHIO OLIVO

rante il dominio dei Normanni e poi sotto il regno di Federico II di Svevia che durò fino al 1250. Dopo la morte di Federico II Palermo rimase la capitale attraverso il periodo delle dominazioni francese e spagnola fino ai tempi moderni, e anche oggi essa è il centro amministrativo e culturale della Sicilia.

Il clima della Sicilia è cosí svariato come la sua storia. Quasi due terzi della superficie dell'isola sono un altipiano situato a circa 300 metri sul livello del mare. In questa zona il clima è asciutto, a volte arido, e in estate vi tira lo Scirocco, un vento afoso che viene dall'Africa. Lungo la costa il clima perde parte della sua aridità, ma dappertutto il carattere semitropicale dell'isola è evidente nella ricchezza e nella profusione della sua vegetazione. Per il turista la Sicilia è un vero paradiso, tanto d'inverno quanto d'estate: sia per quelli che vogliono semplicemente riposare, come per coloro che sono appassionati allo sport. E di tutti i posti dell'isola nessuno è cosí caro ai turisti come Taormina. Questa piccola

SICILIA: L'ETNA VEDUTO DA TAORMINA

città, che è situata sulla costa orientale, un po' al nord del-
l'Etna, è una vera meraviglia di bellezza naturale. Specialmente al principio della primavera il panorama nei pressi di
Taormina è incantevole; in questa stagione l'Etna è ancora
coperto di neve, mentre lungo la costa e nella pianura i
mandorli sono in fiore. Il tempo è bello, l'aria è calma e
chiara, e la natura che si risveglia dà nuova intensità ai
colori dei fiori e delle piante.

La Sicilia è ricca di città pittoresche e storiche: Messina, distrutta quasi totalmente dal terremoto e maremoto
nel 1908 e poi completamente ricostruita; Marsala, famosa
per il vino dello stesso nome che vi si produce, e perché fu
di quí che Garibaldi iniziò la conquista dell'Italia meridionale con i suoi "Mille"; Agrigento, nota per la sua valle
popolata di templi greci; Catania, piú volte distrutta dal-
l'Etna, sempre risorta e oggi una città moderna e fiorente.

SEGESTA: TEMPIO GRECO

Economicamente le condizioni in Sicilia sono molto migliorate negli ultimi anni. La scoperta del petrolio in alcune località ha dato nuovo impulso alla ripresa economica, e l'avvenire si presenta, se non roseo, certo promettente. Oggi la Sicilia, pur facendo parte dello Stato Italiano, gode di una certa autonomia e possiede un proprio parlamento che ha giurisdizione sui problemi locali. L'autonomia amministrativa concessa all'isola è un fatto politico di grande importanza poiché essa permette la soluzione di molti problemi che sono particolari alla regione e che possono essere risolti soltanto localmente, tenendo conto delle condizioni locali.

Sul Monte Pellegrino

Roberto e Giorgio sono seduti sulla vetta del Monte Pellegrino, un masso roccioso alto circa 600 metri, che si trova all'entrata del grande golfo di Palermo. Dal Monte Pellegrino si gode una splendida veduta della città e della grande
5 valle retrostante che, per la sua forma, è chiamata la "Conca d'Oro." È una valle fertilissima, dove crescono aranci, limoni, olivi e molti alberi da frutta.

    I due giovani sono saliti sulla montagna in motocicletta, ed hanno visitato il Santuario di Santa Rosalia, la santa pre-
10 ferita dei Palermitani, che nel 1624 liberò Palermo da un'epidemia micidiale. La grotta del santuario è bellissima, ed è uno dei posti visitati ed ammirati da artisti italiani e stranieri. Famosa è la visita che vi fece il grande poeta tedesco Goethe, che è commemorata da una lapide.
15   Il sole sta calando sull'orizzonte, ma i due giovani non hanno fretta: osservano e conversano.

    — Io sono rimasto meravigliato dall'aspetto orientale di alcuni edifici di Palermo — dice Roberto.

    — Anch'io — risponde Giorgio — ma non bisogna dimenti-
20 care che dal sesto all'undicesimo secolo Palermo fu dominata dagl'imperatori bizantini e dagli Arabi.

    — Dice la guida che a un certo punto a Palermo c'erano circa 300 moschee.

44

175

— La storia di Palermo è veramente affascinante; da quando fu fondata dai Fenici a quando fu annessa al Regno d'Italia nel 1860.

— Certo che da quassú si vede quasi tutta la città. Sembra di essere in elicottero. Proprio non m'immaginavo che a Palermo vi fossero tante ville con dei grandi giardini.

— Quale villa Le è piaciuta di piú?

— *La Favorita,* dove c'è la *Palazzina Cinese.* È un vero parco di cipressi e di pini.

— Guardi in quella direzione. Riconosce quelle cupole rosse?

— Certo. Sono le cupole di San Giovanni degli Eremiti. Le confesso che se non avessi letto che era una chiesa costruita dai Normanni, l'avrei scambiata per una moschea.

— Infatti ne ha proprio l'aspetto. C'è stato ancora a Venezia e a Padova?

— No, perché?

— Bè, quando ci andrà vedrà che anche la cattedrale di San Marco a Venezia e la chiesa di Sant'Antonio a Padova sono sormontate da cupole di gusto bizantino.

— Ho letto che nel diciottesimo secolo, quando fu aperta la tomba dell'imperatore Federico II, che morí nel 1250, sulla sua veste fu trovata un'iscrizione in arabo.

— Aspetti un momento. Non è quella la cattedrale in cui è sepolto Federico II?

— No. La cattedrale è piú in là. Quella, se non mi sbaglio, è la Cappella Palatina.

— Credo che abbia ragione. Quanto è bella quella cappella!

— È una delle piú belle ch'io abbia mai visto. È piena di marmi e di mosaici di un gusto squisito.

— E parlando di mosaici, non bisogna dimenticare quelli del Duomo di Monreale che abbiamo visitato stamani.

— È vero. Ha veduto? Le pareti sono completamente coperte di mosaici che svolgono il ciclo del Vecchio e del Nuovo Testamento.

— E il chiostro? Che meraviglia! Tutto luce e policromia. Ci sono 216 colonnette incrostate di mosaici.

— E anche da lí vicino c'è una bella veduta della città.

— Bè, il sole sta andando sempre piú giú. Scendiamo in città?

PALERMO: LA CHIESA DI SAN GIOVANNI DEGLI EREMITI

— Sarà meglio. Ma senta, prima di ritornare all'albergo vorrei vedere per lo meno dall'esterno il Teatro Massimo.

— Senz'altro. Lo voglio vedere anch'io.

— Ho sentito dire che è uno dei piú grandi teatri italiani.

— (Roberto canta)

O che bel mestiere,
Fare il carrettiere,
Andar di quà e di là...

— È vero che siamo in Sicilia, ma come Le viene in mente un'aria della *Cavalleria Rusticana?*

— Cosí! Pensavo a quel carreto dipinto di fresco che per poco non abbiamo investito proprio fuori Palermo.

— Ah già! *Carretto, carrettiere!* Farò piú attenzione al ritorno.

CARRETTO SICILIANO

45   Lettera dal treno

                    25 settembre 19....
Cara Nanda,
    Come vedi mantengo finalmente la promessa
che ti avevo fatta di scriverti almeno una
lettera. Ti scrivo dal treno che mi riporta
a Napoli dopo la mia visita in Sicilia. Sono
le dieci di mattina e da un'oretta il treno
corre lungo la costa occidentale della Calabria. Sai? Stamani ho attraversato lo Stretto
di Messina in uno dei traghetti che portano
anche il treno che va a Napoli. Non c'erano
molti turisti perché ormai siamo in autunno,
ma c'erano molti siciliani - donne e uomini -
che portavano frutta e legumi a un mercato
in Calabria. Durante la traversata, che dura
circa venti minuti; ho veduto uno dei nuovi
aliscafi che sono velocissimi, e che fanno
la traversata in pochi minuti. Come ti
scrissi nella cartolina che ti mandai da Monreale, andai da Napoli a Palermo in piroscafo. A bordo conobbi un giovane che aveva

una motocicletta, e insieme girammo tutta
Palermo ripetutamente, anche se a volte
pericolosamente.

La Sicilia è stata per me una rivelazione. È cosí diversa dal resto dell'Italia
che ho visto finora, e il miscuglio di vicino
oriente e d'occidente, di antico e di moderno
le dà un fascino tutto suo. Certo tu, come
italiana, dovresti fare un viaggio simile al
piú presto possibile, e ti assicuro che sarà
anche per te un'esperienza indimenticabile.

Non starò a raccontarti tutto il mio
viaggio e tutte le mie impressioni perché
finirei per scrivere un libro. Da Palermo
avrei voluto fare tutto il giro dell'isola,
ma ci sarebbe voluto troppo tempo, cosí mi
sono dovuto contentare di visitare solamente
Siracusa, Catania, Taormina e Messina dove
ho preso il treno per il viaggio di ritorno.

Devo confessare che malgrado la ricchezza
di monumenti e di vestigia di antiche civiltà
che si trovano in tutte queste città, Taormina è quella che mi ha specialmente affascinato. Dovevo rimanerci un giorno e mezzo
e ci sono rimasto invece quattro giorni interi. Meno male che ci sono venuto alla fine
del mio giro perché altrimenti non credo che
sarei andato oltre. Mi sono fermato all'albergo San Domenico, il piú noto, anche se
piuttosto caro per uno studente come me. San
Domenico era nel secolo quindicesimo un con-
vento domenicano. La trasformazione in albergo è stata fatta con grande abilità giacché
sono riusciti a conservare il carattere rinascimentale dell'edificio senza sacrificare

nessuna delle comodità moderne. Dall'albergo
c'è una veduta magnifica della piccola baia
e delle spiagge. Sebbene sia già quasi ottobre, sono potuto andare a nuotare tutti i
giorni. La spiaggia dove andavo, Isola Bella,
è piuttosto rocciosa e vi è pochissima sabbia ma la bellezza del luogo ti fa presto
dimenticare questo piccolo difetto. Oltre al
nuotare e a molti bagni di sole, ho fatto
anche qualche dozzina di schizzi. Ma più che
altro, mi sono completamente riposato e ho

TAORMINA: TEATRO ROMANO

lasciato Taormina pieno di energia e di ambizione. E ora eccomi in treno attraverso la Calabria. Da quello che posso vedere dal treno anche questa regione ha dei posti incantevoli e vorrei potere fermarmi a mio agio. Ma mancano il tempo e il denaro. Se mi potessi permettere un lusso simile vorrei comprare una piccola automobile e girare dappertutto, senza fretta, fermandomi dove mi pare e per quanto mi pare. Ma per questo bisognerà aspettare. Nel frattempo non vedo l'ora di arrivare a Roma e di mettermi al lavoro. Come sai mi sono già sistemato in una pensione, e giacché le lezioni all'Accademia cominceranno fra due settimane non mi resta molto tempo libero.

Il tempo passa piú rapidamente di quel che vorrei, e a volte già penso con tristezza al momento quando dovrò lasciare l'Italia. Ma dovranno passare molti mesi ancora, ed è meglio non pensarci ora. Scrivimi presto. Salutami i tuoi, e fammi sapere se una mia visita a Natale ti farebbe piacere.

Dimenticavo di dirti che una delle cose piú interessanti che abbia visto in Sicilia è stata una rappresentazione dei "Pupi" a Palermo. I costumi sono dei veri capolavori e gli spettacoli sono divertentissimi.

Saluti cordiali, tuo

Roberto

Exercises

Exercises

The following exercises cover the forty chapters of the text. Each exercise consists of: (a) fifteen questions to be answered by the student as fully as possible; (b) ten incomplete statements to be completed by the student; and (c) five expressions or idioms to be used by the student in original phrases.

1. QUANDO PARTE ROBERTO?

(a) *Rispondete alle domande seguenti:*
1. Dov'è l'Università di Stanford?
2. È un maestro Roberto?
3. Dov'è in questo momento Roberto?
4. Studia all'Università di Stanford il signor Ferri?
5. Per dove parte Roberto quando finisce gli studi?
6. Quando finiscono le lezioni?
7. Perché Roberto non prende l'aviogetto San Francisco-Roma?
8. Conosce New York il maestro di Roberto?
9. Che cosa ammira come artista il signor Ferri?
10. È americana la madre di Roberto?
11. Tutti ricordano con nostalgia i cantanti del Metropolitan?
12. Dov'è il nuovo Metropolitan Opera House?
13. Perché Roberto va via?
14. Perché Roberto desidera ritornare domani?
15. Quando è libero il maestro Ferri?

(b) *Completate le frasi seguenti:*
1. Roberto Hamilton è _____.
2. Roberto desidera tanto _____ a studiare in Italia.
3. Il signor Fulvio Ferri è _____.
4. Quando Roberto _____, parte per l'Italia.
5. Roberto non prende l'aviogetto San Francisco-Roma perché quello _____.

185

6. Roberto _____ passare una settimana a New York _____ di una
   zia.
7. New York è la città americana che il signor Ferri _____.
8. Noi ammiriamo _____ grattacieli di New York.
9. Anche la madre di Roberto _____ i cantanti del Metropolitan.
10. Ora vado via, ma ritorno domani _____ questo quadro.

(c) *Scrivete frasi originali per ciascuna di queste espressioni:*
  1. ultimo anno
  2. in questo momento
  3. un volo diretto
  4. come artista
  5. stagione lirica

2. STUDENTI AMERICANI IN ITALIA
(a) *Rispondete alle domande seguenti:*
  1. È uno studente italiano Roberto?
  2. Studia solamente la lingua italiana Roberto?
  3. Perché parla italiano Roberto?
  4. È maestro di lingua italiana il signor Ferri?
  5. Quando parte per Roma Roberto?
  6. Che cosa desidera continuare all'Accademia di Belle Arti di
     Roma Roberto?
  7. Perché molti studenti americani partono per l'Italia?
  8. Viaggia con un gruppo di studenti Roberto?
  9. Tutti gli studenti restano un anno in Italia?
  10. Dove manda molti studenti l'Università di Stanford?
  11. E l'Università di California?
  12. Che cosa frequentano molti studenti in giugno, luglio, o agosto?
  13. Dove troviamo centri per studenti stranieri in Italia?
  14. Che cosa ha l'Università di Siena durante l'estate?
  15. Di che cosa sono felici gli studenti americani quando ritornano
     negli Stati Uniti?

(b) *Completate le frasi seguenti:*
  1. Roberto è _____ di ultimo anno in _____.
  2. Studia arte, ma prende anche _____ dal maestro Ferri.
  3. Roberto parla italiano perché la madre di Roberto _____ con
     Roberto.
  4. Appena _____ gli esami, Roberto _____ per Roma.
  5. Non tutti gli studenti viaggiano da soli, alcuni viaggiano _____.
  6. Non tutti gli studenti americani restano sei mesi o un anno in
     una data università italiana, alcuni restano _____.

7. Ogni anno l'Università di Stanford _____ molti studenti a _____
8. Anche Siena ha un eccellente _____ per stranieri.
9. I centri per stranieri offrono _____ di lingua e di _____.
10. Quando _____ gli studenti sono felici dell'esperienza in Italia.

(c) *Scrivete frasi originali per ciascuna di queste espressioni:*
   1. lezioni private
   2. fra tre settimane
   3. da solo
   4. un certo numero
   5. durante il mese di agosto

3. L'ULTIMA CONFERENZA AL CIRCOLO ITALIANO

(a) *Rispondete alle domande seguenti:*
   1. Dove ha parlato Elio Martelli?
   2. Chi è Elio Martelli?
   3. Quando è venuto in America?
   4. Cosa è una borsa di studio?
   5. Chi fa delle domande?
   6. Cosa farà ora il Signor Martelli?
   7. In che città andrà Elio?
   8. Con chi è venuto in America?
   9. Che ha studiato a Chicago?
   10. Cosa spera di fare Elio?
   11. Come trova Elio gli studenti americani?
   12. Che preparazione hanno gli studenti americani?
   13. Tornerà negli Stati Uniti Elio?
   14. Chi ringrazia Elio?
   15. Ha mai visitato l'Italia Lei?

(b) *Completate le frasi seguenti:*
   1. L'ultima conferenza è appena _____.
   2. Elio è venuto al _____ dell'anno scolastico.
   3. Gli studenti fanno delle _____.
   4. Elio è laureato dalla _____ di Bologna.
   5. Partirà _____ quattro giorni.
   6. Dopo una _____ spera di lavorare.
   7. È arrivato in America circa _____.
   8. È venuto per _____.
   9. Ha _____ due corsi.
   10. Li trova pieni di _____.

(c) *Scrivete frasi originali per ciascuna di queste espressioni:*
1. fare delle domande
2. circa
3. anno scolastico
4. per conto mio
5. sperare di

4. STUDENTI ITALIANI NEGLI STATI UNITI
(a) *Rispondete alle domande seguenti:*
1. Cosa è il vecchio mondo?
2. Dove vengono oggi molti studenti stranieri?
3. Chi è Elio Martelli?
4. Perché è cambiata la situazione?
5. Cosa ha avuto luogo negli Stati Uniti?
6. Costano poco le ricerche scientifiche?
7. Cosa è necessario per le ricerche?
8. Cosa è l'archeologia?
9. Chi continua a visitare l'Europa?
10. Che possibilità hanno gli Stati Uniti?
11. Quali sono le scienze sociali?
12. Ci sono studenti stranieri nella Sua scuola?
13. Sono importanti gli scambi di studenti?
14. È mai stato all'estero Lei?
15. Quale paese preferisce visitare?

(b) *Completate le frasi seguenti:*
1. Una volta gli studenti americani andavano in _____.
2. La situazione è molto _____.
3. Elio è uno dei numerosi studenti _____.
4. Le ragioni sono _____.
5. Molto importante è il progresso _____.
6. Il costo delle ricerche scientifiche è _____.
7. Gli Stati Uniti sono un paese _____.
8. Molti studenti americani continuano a visitare _____.
9. Gli Stati Uniti hanno la _____ di aiutare altre nazioni.
10. Gli studenti sono _____ di pace.

(c) *Scrivete frasi originali per ciascuna di queste espressioni:*
1. appunto
2. ricerca scientifica
3. richiedere
4. avere la possibilità
5. ambasciatore di pace

5. IN AVIOGETTO DA NUOVA YORK A MILANO

(a) *Rispondete alle domande seguenti:*
1. Sono già tutti a bordo i passeggeri?
2. Che cosa fa Roberto?
3. Quando il giovanotto domanda a Roberto se il posto è occupato, che cosa risponde Roberto?
4. Come si chiama il giovanotto?
5. Perché Roberto desidera migliorare la sua conoscenza dell'italiano?
6. In che cosa consiste la strana combinazione?
7. Si è laureato all'Università di Chicago Roberto?
8. Che cosa ha ricevuto per andare a studiare in America Elio?
9. Quando è venuto in America il signor Ferri?
10. Perché tutti i passeggeri guardano dal finestrino?
11. Che cosa domanda Roberto alla "hostess"?
12. Anche Roberto va alla casa della zia di Elio?
13. Che cosa faranno domani Roberto e Elio?
14. Quando si daranno un appuntamento?
15. Lei ha attraversato le Alpi in aeroplano?

(b) *Completate le frasi seguenti:*
1. L'aviogetto parte da _____ e va a _____.
2. L'aviogetto è della _____ Alitalia.
3. No, questo posto non è occupato, _____!
4. Andiamo in Italia e desideriamo _____ la nostra conoscenza dell'italiano.
5. Roberto si è laureato all'Università di Stanford, e Elio _____ all'Università di Bologna.
6. Parlano italiano perché _____ a scuola.
7. Elio ha già volato sulle Alpi _____.
8. In questo momento la "hostess" serve il caffè _____.
9. Elio resterà a Milano _____ giorni.
10. Quando l'aeroplano comincia a discendere Roberto _____ dal finestrino.

(c) *Scrivete frasi originali per ciascuna di queste espressioni:*
1. stare per
2. a bordo
3. s'accomodi!
4. una borsa di studio
5. pressappoco

6. UN PO' DI GEOGRAFIA

(a) *Rispondete alle domande seguenti:*
1. Perché l'Italia ha un aspetto caratteristico?
2. Quale catena di monti separa l'Italia dal resto dell'Europa?

3. Quale pianura è ai piedi delle Alpi?
4. Dove si trovano gli Appennini?
5. Qual è la larghezza della penisola italiana?
6. Quali sono i due principali porti italiani?
7. Quali sono tre piccole isole italiane?
8. Quali sono tre principali fiumi italiani?
9. Ci sono vulcani in Italia?
10. In che zona è situata l'Italia?
11. Come varia il clima italiano?
12. Sapete il nome di cinque regioni italiane?
13. Come dividono il loro paese gl'Italiani?
14. Dove sono principalmente agricole le regioni d'Italia?
15. Quali stati indipendenti ci sono dentro i confini italiani?

(b) *Completate le frasi seguenti:*
1. L'Italia ha una superficie che è _____ quella della California.
2. L'Italia è un paese prevalentemente _____.
3. La costa del Mare Adriatico è ricca di _____.
4. Il fiume _____ passa per Firenze e Pisa.
5. Un famoso lago italiano è il Lago _____.
6. Le due grandi isole italiane sono la _____ e la _____.
7. Il clima italiano _____ molto dal nord al sud.
8. Le regioni italiane sono divise in _____.
9. I due grandi centri industriali dell'Italia sono _____ e _____.
10. I confini naturali dell'Italia coincidono quasi perfettamente con _____.

(c) *Scrivete frasi originali per ciascuna di queste espressioni:*
1. con l'eccezione di
2. piú precisamente
3. dal nord al sud
4. ricca di spiagge
5. livello di produzione

7. ALL'AEROPORTO DI MILANO

(a) *Rispondete alle domande seguenti:*
1. Che cosa aspettano nella sala della dogana i passeggeri?
2. Che cosa domanda la guardia doganale a Roberto?
3. Quante sigarette ha Roberto nella valigia?
4. Perché Roberto porta pennelli e colori in una valigia?
5. Che cosa fa Elio all'uscita?
6. Ha guardato in tutte le valige di Elio la guardia doganale?
7. Vanno in città con un tassí Elio e Roberto?
8. Dove si ferma l'autobus quando arriva a Milano?
9. Dove e quando s'incontreranno i due amici?

10. Che cosa faranno dopo colazione?
11. Passerà molto tempo a Milano Roberto?
12. Che cosa sarà molto interessante per Roberto?
13. Che cosa è il Duomo?
14. Lei conosce una chiesa magnifica nella nostra città?
15. Lei ha una zia? Dove abita?

(b) *Completate le frasi seguenti:*
1. Roberto, ha aperto le _____.
2. Elio aspetta Roberto vicino a _____.
3. Elio dice che la guardia è stata _____.
4. Per gli stranieri l'ispezione doganale è _____.
5. Durante la sua assenza Elio ha lasciato la sua automobile a_____.
6. L'autobus procede lentamente perché _____.
7. Roberto osserva lo spettacolo con _____.
8. Quando Roberto vede il Duomo dice: _____ .
9. Elio indica _____ a Roberto.
10. Elio prende un tassí perché _____.

(c) *Scrivete frasi originali per ciascuna di queste espressioni:*
1. aspettare il turno
2. a destra
3. fare un giro
4. essere d'accordo
5. al centro della città

8. LE CITTÀ ITALIANE
(a) *Rispondete alle domande seguenti:*
1. Come si può verificare che la civiltà italiana è urbana?
2. Quante città italiane hanno piú di due milioni di abitanti?
3. Quali città italiane sono vere metropoli?
4. Quale città è la capitale della Sicilia?
5. Fra le numerose piccole città italiane quali occupano un posto speciale?
6. Dove sono situate alcune di queste cittadine?
7. Come è l'aspetto di molte città italiane?
8. Che caratteristica delle città e dei paesi italiani nota immediatamente lo straniero?
9. Perché l'aspetto di molte città italiane non è cambiato molto attraverso i secoli?
10. Dove sono situate molte città italiane?
11. Che cosa colpisce il viaggiatore in Italia?
12. Vi sono città identiche in Italia?

13. Quale è una delle bellezze dell'Italia?
14. Perché la storia d'Italia è come un affresco?
15. Quando diventa una nazione indipendente l'Italia?

(b) *Completate le frasi seguenti:*
1. La civiltà italiana è essenzialmente _____.
2. Ciascuna regione ha _____ piú o meno importanti.
3. Uno dei centri della moda italiana è _____.
4. L'origine di quasi tutte le città italiane è _____.
5. Data la configurazione geografica della penisola tutte le città italiane sono piú o meno vicine a _____.
6. In Italia non vi sono due città _____.
7. La storia italiana è come un _____.
8. Per molti secoli la storia d'Italia non è la storia di una _____.
9. Ciascuna città ha una storia _____.
10. Oggi l'Italia ha un _____ centrale.

(c) *Scrivete frasi originali per ciascuna di queste espressioni:*
1. essere situato
2. notare immediatamente
3. dare uno sguardo
4. per molti secoli
5. vera e propria

9. UN APPUNTAMENTO NELLA GALLERIA DI MILANO
(a) *Rispondete alle domande seguenti:*
1. Come ha mantenuto la promessa Elio Martelli?
2. Chi ha portato Elio all'albergo di Roberto?
3. Come parla l'inglese Nanda?
4. Che cosa hanno visitato i tre giovani?
5. Dove sono essi ora?
6. È andato in Italia per insegnare l'inglese Roberto?
7. Perché è stanca Nanda?
8. Quando è gratuita l'entrata alla Pinacoteca di Brera?
9. E' sempre aperta la Pinacoteca?
10. Che cosa è la Galleria?
11. Perché i tre amici visitano Santa Maria delle Grazie?
12. Come si chiama il teatro principale di Milano?
13. Dove danno delle opere durante l'estate in Italia?
14. Perché c'è sempre tanto traffico a Milano?
15. Lei guarda il semaforo prima di attraversare la via?

(b) *Completate le frasi seguenti:*
1. Elio ha mantenuto la _____.
2. Nanda è una signorina di _____ anni.
3. Roberto non vede l'ora di entrare nella sala dove è lo _____ di Raffaello.
4. La _____ è chiusa nel pomeriggio.
5. L'Ultima Cena è di _____.
6. La Galleria è tutta _____.
7. Milano è un centro di comunicazione con _____.
8. Tutti gli anni, in aprile, a Milano c'è _____.
9. Anche gli Stati Uniti partecipano con _____.
10. Roberto ritornerà a Milano perché desidera visitare _____.

(c) *Scrivete frasi originali per ciascuna di queste espressioni:*
1. mantenere la promessa
2. parlare correntemente
3. avere occasione (di)
4. non vedere l'ora (di)
5. una bella giornata

10. DA MILANO A BOLOGNA IN AUTOMOBILE

(a) *Rispondete alle domande seguenti:*
1. Che cosa fa Roberto mentre la macchina corre per la campagna?
2. È nuova la macchina di Elio?
3. Quando rallenta Elio?
4. Perché il traffico presenta un grave problema in Italia?
5. È un problema che riscontriamo solamente in Italia?
6. Conosce Lei qualche macchina da corsa italiana?
7. Quando fu costruita la Via Emilia e da chi?
8. In che parte dell'Italia è Parma?
9. Che cosa è la Certosa?
10. Perché si sono fermati ad una stazione di servizio i due amici?
11. Che cosa ha spiegato Elio a Roberto?
12. Sono noti a Roberto i nomi delle stazioni di servizio?
13. Che cosa fanno Elio e Roberto durante il viaggio?
14. Quando arrivano a Bologna Elio e Roberto?
15. Quando dice: "Ecco Bologna" Elio?

(b) *Completate le frasi seguenti:*
1. La macchina di Elio è una _____.
2. La strada che seguono corre diritta per _____.
3. Negli ultimi anni in Italia il numero di automobili è _____.
4. Un giorno _____ formeranno una rete per tutta la penisola.
5. Fra tutte le automobili italiane le Fiat sono le piú _____.

6. Da Milano a Bologna i due giovani seguono _____.
7. I due amici hanno traversato il Po a _____.
8. A Parma hanno fatto _____.
9. I due giovani ora viaggiano in _____.
10. Quando vedono Bologna in lontananza il sole è _____.

(c) *Scrivete frasi originali per ciascuna di queste espressioni:*
1. in ottime condizioni
2. aspettare l'occasione
3. fare colazione
4. un po' di tutto
5. in silenzio

11. ARRIVO A BOLOGNA

(a) *Rispondete alle domande seguenti:*
1. A che ora arrivano a Bologna Elio e Roberto?
2. Perché Roberto desidera andare a un albergo?
3. Di chi è la camera libera nella casa di Elio?
4. Che cosa sono "Garisenda" e "Asinelli"?
5. Perché sono comodi i portici?
6. Sono larghe le vie di Bologna?
7. Che cosa c'è a Via Zamboni?
8. Dove abitano quasi tutte le famiglie italiane in una città?
9. Quanti piani hanno i vecchi palazzi di Bologna?
10. Che cosa fa il portiere di un palazzo?
11. Che cosa è il portone?
12. Chi c'è a casa di Elio quando arrivano i due giovani?
13. Quante stanze ci sono nell'appartamento di Elio?
14. Ci sono molti canali alla televisione italiana?
15. Con che accento parla l'annunciatore?

(b) *Completate le frasi seguenti:*
1. Il fratello di Elio è _____ a Forte dei Marmi.
2. A Bologna quasi ogni palazzo ha un _____.
3. I palazzi italiani di solito hanno _____ piani.
4. L'appartamento del portiere è al _____.
5. Elio non ha mandato un telegramma perché voleva _____.
6. I due giovani vanno in salotto e aprono il televisore per guardare il _____.
7. Il televisore di Elio non è americano, è _____.
8. In Italia ci sono due canali: il primo canale e il _____.
9. Roberto ha notato che c'è una differenza _____ da una città all'altra.
10. Mentre i due giovani parlano _____ è entrata in casa.

(c) *Scrivete frasi originali per ciascuna di queste espressioni:*
1. essere in vacanza
2. molti secoli fa
3. al pian terreno
4. fare la spesa
5. fare una sorpresa

12. LINGUA E DIALETTI

(a) *Rispondete alle domande seguenti:*
1. Qual è la popolazione dell'Italia?
2. C'è in Italia uniformità etnica?
3. Quante volte è stata invasa l'Italia?
4. Quando incominciarono le invasioni dell'Italia?
5. Che cosa sono i "dialetti"?
6. Da quale lingua deriva l'Italiano?
7. Quali altre lingue sono lingue romanze?
8. Perché molti italiani sono bilingui?
9. Che dialetto parlano a Torino?
10. Quando si formarono i dialetti in Italia?
11. Che cosa rispecchia la suddivisione linguistica in Italia?
12. Quale dialetto si affermò come lingua letteraria? Perché?
13. In che lingua scrisse Dante?
14. Crede Lei che i dialetti sopravviveranno?
15. Perché oggi parliamo di uniformità di lingua?

(b) *Completate le frasi seguenti:*
1. In tempi remoti notiamo in Italia una certa suddivisione di _____.
2. Le invasioni d'Italia durarono _____.
3. Roberto ha notato che i Milanesi e i Bolognesi parlano italiano con un _____.
4. Oltre alla lingua italiana in Italia ci sono i _____.
5. La lingua italiana è una lingua _____.
6. In generale, ogni _____ ha il suo dialetto.
7. Alcuni dialetti _____ tra loro; altri sono molto _____.
8. I dialetti si formarono _____.
9. I dialetti italiani hanno _____ molto profonde.
10. La scuola, la radio, la televisione e il cinema tendono a creare _____ di lingua.

(c) *Scrivete frasi originali per ciascuna di queste espressioni:*
1. riuscire a dare
2. di modo che
3. somigliarsi tra loro
4. affermarsi
5. avere radici profonde

13. ALLA STAZIONE DI BOLOGNA

(a) *Rispondete alle domande seguenti:*
1. Perché sono alla stazione Elio e Roberto?
2. Che cosa possiamo comprare a un'edicola?
3. Che cosa è *Il Resto del Carlino?*
4. A che ora arriverà il treno?
5. Che cosa fanno i due giovani dopo che hanno attraversato una cancellata?
6. Che cosa ha promesso di fare Elio?
7. Quando si rivedranno i due amici?
8. Che cosa nota Roberto quando sale in treno?
9. Perché sono differenti i finestrini dei treni italiani?
10. Signor (Signorina)... vuole descrivere i due passeggeri che sono nello scompartimento con Roberto?
11. Che cosa domanda il signore a Roberto?
12. Perché il signore ha un'aria annoiata?
13. Quando prendiamo un facchino alla stazione o a un aeroporto?
14. Di che cosa parla il signore?
15. Perché sorride Roberto quando esce nel corridoio?

(b) *Completate le frasi seguenti:*
1. Roberto e Elio sono alla stazione davanti a _____.
2. Elio sceglie un _____ e due _____.
3. Il "Carlino" era un _____.
4. I due giovani attraversano una _____.
5. Una voce grida _____ quando il treno sta per partire.
6. Le carrozze dei treni italiani sono divise in _____.
7. Il signore dice: "Avevamo un orario ma mia moglie lo ha _____."
8. Il controllore entra e dice: "_____."
9. Roberto cerca di _____ il giornale ma il signore continua a parlare.
10. Roberto esce nel corridoio e si ferma davanti a un _____.

(c) *Scrivete frasi originali per ciascuna di queste espressioni:*
1. una volta
2. in primavera
3. da un lato
4. per caso
5. meno male

14. UN PO' DI STORIA

DALL'ANTICA ROMA AL SECOLO DICIOTTESIMO

(a) *Rispondete alle domande seguenti:*

1. Perché Roberto ha facilmente riconosciuto il Campanile di Giotto?
2. Quale città è stata importante forse quanto Roma nella storia d'Italia?
3. Perché l'avvento del Cristianesimo e la caduta dell'Impero Romano cambiarono la storia di Roma?
4. Come continuò a dominare Roma durante il Medioevo?
5. Che cosa era il Comune?
6. Cosa alterò l'eredità romana in Italia?
7. Come si chiama il periodo che seguí il Medioevo?
8. Come si chiamava il capo del nuovo stato?
9. Politicamente che risultati ebbe il Rinascimento in Italia?
10. Quale secolo si chiama il secolo barocco?
11. Sotto le Signorie cosa fu sostituito alle libere istituzioni?
12. Chi era il Principe o Signore?
13. Cosa è un governo autocratico?
14. Perché l'Italia si trovò ridotta a uno stato secondario?
15. Dov'è Amalfi?

(b) *Completate le frasi seguenti:*
1. Il Duomo e il Campanile di Giotto sono _____ di Firenze.
2. Firenze fu il centro del _____.
3. Dopo la caduta dell'Impero Romano il centro politico si spostò a _____.
4. Il Medioevo va dal secolo _____ al secolo _____.
5. Il Comune era governato da uno o piú individui _____ dal popolo.
6. Le invasioni _____ l'eredità romana della penisola.
7. Durante il Rinascimento i Comuni diventarono _____.
8. Durante il Rinascimento la divisione in tanti piccoli stati portò alla _____.
9. Il periodo barocco è nel secolo _____.
10. Il Rinascimento fu culturalmente un periodo _____.

(c) *Scrivete frasi originali per ciascuna di queste espressioni:*
1. essere simbolo di
2. spostarsi
3. svilupparsi in opposizione a
4. verso la fine
5. trovarsi ridotto a

15. UN PO' DI STORIA

DAL SECOLO DICIOTTESIMO AI NOSTRI GIORNI

(a) *Rispondete alle domande seguenti:*
1. Quale periodo si chiama Risorgimento?

2. Che cosa vuol dire la parola Risorgimento?
3. Che cosa è la Casa di Savoia?
4. Quando diventò una repubblica l'Italia moderna?
5. Cos'è la Controriforma?
6. Cosa diventò l'Italia durante le guerre religiose?
7. Chi sembra cadere in uno stato di sonnolenza?
8. L'illuminismo fu un movimento italiano?
9. Chi controllava il destino politico dell'Italia nell'Ottocento?
10. In che secolo l'Italia diventò indipendente?
11. Contro chi combatterono gl'Italiani per la loro indipendenza?
12. Dove era il Regno delle Due Sicilie?
13. Dove governavano i re Borbonici?
14. Per quanti anni governò l'Italia il regime fascista?
15. Cosa diceva a proposito dell'Italia un famoso uomo di stato austriaco?

(b) *Completate le frasi seguenti:*
1. Oggi l'Italia è una _____ costituzionale.
2. Il plebiscito ebbe luogo nel _____ .
3. Roma diventò la _____ d'Italia nel _____ .
4. Il primo re d'Italia fu _____ _____ .
5. Il Piemonte è nella parte _____ dell'Italia.
6. Il Risorgimento durò piú o meno _____ anni.
7. L'illuminismo veniva dall' _____ .
8. L'Italia dà segno di rinnovata volontà politica nel _____ .
9. L'Italia ebbe una parte _____ nelle guerre religiose.
10. Nel Seicento il Papato era in effetto uno _____ .

(c) *Scrivete frasi originali per ciascuna di queste espressioni:*
1. è sentito
2. avere una parte decisiva
3. essere la conseguenza di
4. difendere da
5. votare contro.

16. L'UNIVERSITÀ PER STRANIERI DI FIRENZE
(a) *Rispondete alle domande seguenti:*
1. Che cosa fa Roberto quando arriva a Firenze?
2. Chi ha consigliato a Roberto la pensione dov'è andato?
3. In che parte di Firenze è situata la pensione?
4. Che veduta c'è dalla finestra della camera di Roberto?
5. Chi abita nella stessa pensione?
6. A che ora esce Roberto per andare all'Università per Stranieri?
7. Prendono un tassí per andare all'Università?
8. Che lezioni ha Mario?

9. Perché Mario non conosce Leopardi?
10. Quando sono incominciate le lezioni?
11. Quante sessioni ci sono a Firenze per gli studenti stranieri?
12. Dov'è la Casa dello Studente a Firenze?
13. Quale università voleva frequentare Roberto?
14. Che cosa decise di fare invece?
15. Chi è molto carina?

(b) *Completate le frasi seguenti:*
1. La pensione di Roberto è situata _____.
2. Dalla finestra c'è una splendida veduta della chiesa di _____.
3. L'amico di Roberto si prepara per _____.
4. I due amici vanno a _____ perché i filobus sono pieni.
5. Roberto conosce bene la storia _____.
6. *La Ginestra* è una _____ di Leopardi.
7. La sessione estiva finirà il _____.
8. All'Università di Perugia danno un corso di _____ che Roberto voleva seguire.
9. Tutti i borsisti devono passare le prime due _____ a Perugia.
10. I due amici si lasciano all'entrata della _____.

(c) *Scrivete frasi originali per ciascuna di queste espressioni:*
1. dare su
2. andare a piedi
3. seguire un corso
4. esserci posto
5. avere l'intenzione (di)

17. LA SCUOLA ITALIANA
(a) *Rispondete alle domande seguenti:*
1. Ci sono in America università per stranieri?
2. Perché l'istruzione varia negli stati americani?
3. Sono diverse le università italiane da quelle americane?
4. A chi è affidata l'istruzione pubblica in Italia?
5. Cosa tende a creare l'organizzazione centrale?
6. In che modo le università italiane e americane sono di orientamento diverso?
7. È grande il numero di studenti italiani che frequentano le università?
8. Fino a che età i ragazzi italiani devono frequentare la scuola?
9. A che età possono cominciare la scuola i bambini italiani?
10. Quale scuola frequenta uno studente che vuole diventare maestro di scuola elementare?
11. Vanno al Liceo tutti gli studenti?

12. Quanti anni dura il Liceo?
13. Come possono accedere all'Università gli studenti italiani?
14. Quali istituti durano cinque anni?
15. Che cosa è essenzialmente un'università italiana?

(b) *Completate le frasi seguenti:*
  1. L'orientamento del sistema scolastico italiano è _____ da quello delle scuole americane.
  2. In America l'istruzione pubblica è sotto la giurisdizione dei _____.
  3. In Italia _____ ha completa giurisdizione su tutte le scuole della nazione.
  4. L'organizzazione centrale tende a creare un livello di _____.
  5. I bambini italiani di quattro o cinque anni frequentano le _____.
  6. La scuola elementare dura _____ anni.
  7. Il giovane italiano deve scegliere tra il Liceo Classico, Scientifico o Artistico secondo _____.
  8. Per andare all'università lo studente italiano deve avere frequentato _____.
  9. La maggior parte degli studenti _____ agli Istituti Tecnici.
  10. Lo studente universitario italiano ha _____.

(c) *Scrivete frasi originali per ciascuna di queste espressioni:*
  1. in compagnia di
  2. affidare
  3. essere obbligato a
  4. con il risultato che
  5. secondo la legge

18. SOGGIORNO FIORENTINO

(a) *Rispondete alle domande seguenti:*
  1. Perché Roberto deve cambiare un paio di assegni per viaggiatori?
  2. Che cosa ha fatto stamani Roberto?
  3. Com'è la prima colazione all'italiana?
  4. Signor (Signorina) . . . vuole descrivere che giornata è?
  5. Dove va prima di tutto Roberto quando arriva all'American Express?
  6. Che cosa dice a Roberto la signorina che distribuisce la posta?
  7. Che cosa farà Roberto quando partirà per Roma?
  8. Perché Roberto deve fare la coda?
  9. Perché Roberto va al reparto di viaggi?
  10. Con chi parla a lungo Roberto?
  11. Perché si ferma in una libreria?
  12. Che cosa vuole vedere alle Cappelle Medicee?
  13. Quale statua preferisce l'impiegato?
  14. Dov'è il David di Michelangelo?
  15. Che cosa troverà Roberto nella guida che ha comprato?

(b) *Completate le frasi seguenti:*
  1. Roberto ha finito i soldi che ha cambiato a _____.
  2. In pochi minuti Roberto dalla pensione arriva al _____.
  3. In cielo vi sono delle nuvole _____.
  4. Allo sportello del cambio Roberto deve fare _____.
  5. Roberto deve mostrare il suo _____ all'impiegato.
  6. Come sempre il Ponte Vecchio è _____.
  7. Le vetrine sono piene di _____ e di _____.
  8. Roberto desidera una piccola _____ di Firenze.
  9. Roberto ha visto le statue di Michelangelo tante volte nei _____.
  10. Roberto ha già visitato il _____ dell'Accademia.

(c) *Scrivete frasi originali per ciascuna di queste espressioni:*
  1. cambiare un assegno
  2. in ogni modo
  3. fare seguire
  4. quanta gente!
  5. fare la coda

19. L'ARTE ITALIANA

DALL'ARTE DELL'ANTICA ROMA AL PERIODO ROMANICO E GOTICO

(a) *Rispondete alle domande seguenti:*
  1. Perché Roberto ha visitato l'Accademia di Belle Arti?
  2. A quale periodo risale la tradizione artistica italiana?
  3. Troviamo soltanto esempi di arte moderna nella Roma di oggi?
  4. A che cosa si sono ispirati tanti pittori?
  5. È vero che soltanto a Roma ci sono esempi dell'antica civiltà romana?
  6. Fiorirono soltanto nel Rinascimento le arti in Italia?
  7. Perché è importante Ravenna nella storia dell'arte in Italia?
  8. Che cosa troviamo nelle chiese di Ravenna?
  9. Vi sono esempi di mosaici bizantini in altre parti d'Italia?
  10. A quale periodo dell'architettura appartengono il Duomo di Pisa e Sant'Ambrogio di Milano?
  11. Che cos'è *La Piazza dei Miracoli?*
  12. Ricorda Lei il nome di due famosi edifici gotici italiani?
  13. Nella storia dell'arte, perché è importante il Palazzo Comunale di Siena?
  14. Chi era Giotto?
  15. Che cosa troviamo nella Cappella degli Scrovegni?

(b) *Completate le frasi seguenti:*
  1. Il periodo bizantino fu nei secoli _____.
  2. I mosaici delle chiese di Ravenna sono esempi di arte _____.

3. Uno dei capolavori creati durante il Rinascimento è il David di _____.
4. _____ risale all'antica civiltà romana.
5. Tutti sanno che a Roma troviamo _____ dell'arte della Roma _____.
6. Anche in molti paesi stranieri vi sono _____ romana.
7. Nell'anno 402 la sede imperiale fu trasferita _____, e anche oggi questa città è _____ dell'arte bizantina.
8. Gli splendidi mosaici di Monreale e di Cefalú si riallacciano _____.
9. La Torre Pendente e il Battistero di Pisa formano un gruppo omogeneo con _____, e il luogo dove sono si chiama _____.
10. Nella Chiesa di Santa Croce a Firenze troviamo _____.

(c) *Scrivete frasi originali per ciascuna di queste espressioni:*
1. capolavoro d'arte
2. senza interruzioni
3. sembrare una meraviglia
4. basta ricordare
5. trovarsi

20. L'ARTE ITALIANA

IL RINASCIMENTO, IL BAROCCO, L'OTTOCENTO E IL NOVECENTO

(a) *Rispondete alle domande seguenti:*
1. Lo splendore di quale epoca non è forse mai stato eguagliato?
2. Perché è importante l'opera del Brunelleschi?
3. Quali opere di Donatello ricorda Lei?
4. Come influí sugli altri pittori Masaccio?
5. Che cos'è e dov'è la *Consegna del tributo?*
6. Che cos'è impossibile fare in pochi paragrafi e perché?
7. Che cos'è la *Nascita di Venere?*
8. Quando parliamo di Tiziano e di Tintoretto pensiamo alla scuola fiorentina?
9. Ricorda Lei qualche esempio di arte barocca?
10. Dove troviamo esempi di arte barocca?
11. Chi era Michelangelo Buonarroti?
12. Che effetti troviamo nella pittura del Caravaggio?
13. In quale secolo ci fu un ritorno alle forme classiche?
14. Perché l'arte fu coltivata meno in Italia nel secolo diciannovesimo?
15. Che cosa notiamo nell'arte italiana dopo l'indipendenza?

(b) *Completate le frasi seguenti:*
1. La rinascita dell' _____ si deve a Filippo Brunelleschi.
2. La cupola di Santa Maria del Fiore è opera di _____.

3. La bella _____ di Gattamelata è opera di _____.
4. La fine del _____ segnò la fine di un'epoca eccezionale nella storia dell'arte.
5. I capolavori di molti _____ si trovano in tutte le parti del mondo.
6. Gli _____ nella Cappella Sistina sono di _____.
7. Il Veronese è un grande _____ della scuola _____.
8. La Scalinata di Trinità dei Monti appartiene allo stile che si chiama _____ che fiorí _____.
9. Il "neoclassicismo" segna un ritorno _____.
10. Giacomo Manzú e Giorgio Morandi appartengono _____.

(c) *Scrivete frasi originali per ciascuna di queste espressioni:*
   1. doversi
   2. spazzar via
   3. lanciare un nuovo stile
   4. fare il nome
   5. protagonista

21. A TAVOLA NON S'INVECCHIA

(a) *Rispondete alle domande seguenti:*
   1. Dov'è Roberto questo dato sabato?
   2. Dov'è Pontassieve?
   3. Chi è Paolo Fasetti?
   4. Come si sono conosciuti Roberto e Paolo Fasetti?
   5. Perché Paolo invitò Roberto ad andare con lui?
   6. Sono andati a Pistoia con il filobus?
   7. Perché sono andati a Pontassieve?
   8. Che cosa vuol dire "A tavola non s'invecchia?"
   9. È giusto il proverbio "È meglio pagare il conto dell'oste che il conto del medico?"
   10. Con che cosa mangiano il melone in Italia?
   11. C'è grande varietà nella cucina italiana?
   12. Quale è una specialità di Napoli?
   13. Lei signor (signorina) . . . conosce qualche altra specialità italiana?
   14. Che cosa bevono con i pasti gl'Italiani?
   15. Quando il cameriere porta il conto paga Roberto?

(b) *Completate le frasi seguenti:*
   1. Roberto è seduto con un altro giovane a un tavolo di un _____.
   2. Paolo _____ a prendere Roberto.
   3. Sono arrivati a Pontassieve verso _____.
   4. Roberto ha notato che gl'Italiani restano a _____ molto tempo.
   5. Il prosciutto è buono anche con i _____.
   6. A Milano Roberto ha mangiato il _____.
   7. Le _____ sono dei piccoli molluschi.

8. In Italia "bar" ha lo stesso significato di _____.
9. Il ristorante è _____ di gente.
10. Quando fa caldo Roberto preferisce un _____ alla frutta.

(c) *Scrivete frasi originali per ciascuna di queste espressioni:*
   1. conoscersi
   2. passare a prendere
   3. fare una corsa
   4. tenerci (a)
   5. fare caldo

22. LO SPORT IN ITALIA

(a) *Rispondete alle domande seguenti:*
   1. Qual è uno degli sport preferiti fra gl'Italiani?
   2. Quale squadra di calcio partecipa ai campionati del mondo.
   3. Che cosa sono i "tifosi"?
   4. Giocavano il calcio a Firenze nel Rinascimento?
   5. Qual è il Santo Patrono di Firenze?
   6. Che cosa erano le antiche corporazioni?
   7. Che ricevono in premio i vincitori?
   8. Come sono vestite le squadre del calcio "in livrea"?
   9. Che cosa è il *Giro d'Italia?*
   10. Perché è importante l'autodromo di Monza?
   11. Qual è un centro per gli sport invernali in Italia?
   12. Dove sono gli Abruzzi?
   13. Che giornale legge un italiano che s'interessa dello sport?
   14. Qual è il Suo sport preferito?
   15. A quali competizioni sportive partecipa Lei?

(b) *Completate le frasi seguenti:*
   1. Il calcio italiano è uno sport per _____.
   2. Il calcio attira il maggior numero di _____.
   3. Il _____ in Italia ha una lunga tradizione.
   4. Il calcio "in livrea" a Firenze ha luogo nella _____.
   5. Nel calcio "in livrea" le due squadre rappresentano _____.
   6. La partita è preceduta da un _____.
   7. Un altro sport popolare in Italia è il _____.
   8. Invece della bicicletta molti italiani oggi comprano _____.
   9. L'Abetone è un centro invernale in _____.
   10. I giornali quotidiani dedicano _____ agli eventi sportivi.

(c) *Scrivete frasi originali per ciascuna di queste espressioni:*
   1. senza dubbio
   2. trasmettere per televisione
   3. tenere presente

4. avere una scelta
5. dedicare una pagina

23. A UNA CONFERENZA SU DANTE

(a) *Rispondete alle domande seguenti:*
1. Da quanto tempo è a Firenze Roberto?
2. Che cosa fanno Roberto e Mario?
3. Ha comprato un ombrello Roberto?
4. Quando ci mettiamo l'impermeabile?
5. Dove si recano i due amici?
6. Quando e perché lasciò la sua patria Dante?
7. Che cosa c'è nel Palazzo della Lana?
8. Che cosa fanno i vigili negli incroci?
9. Che cosa è *La Nazione*?
10. Perché è caratteristica la "terza pagina" dei giornali italiani?
11. A che ora incomincia la conferenza?
12. Che cos'è l'*Inferno*?
13. Che cosa rappresenta l'affresco di Michelangelo?
14. Com'è il Palazzo della Lana?
15. Di che cosa parlerà il conferenziere?

(b) *Completate le frasi seguenti:*
1. Roberto e Mario camminano verso _____.
2. Roberto ha un _____ che gli hanno prestato.
3. Dante dovè lasciare la patria per ragioni _____.
4. L'aria è piena del suono delle _____.
5. La conferenza comincia alle _____.
6. La casa di Dante si _____ a quella che hanno ricostruita.
7. Dante scrisse varie opere in italiano e in _____.
8. Della *Divina Commedia* ci sono molte edizioni _____.
9. Il conferenziere di oggi è _____.
10. Nella sala c'è già molta _____.

24. UN PO' DI LETTERATURA ITALIANA

DA DANTE AL RINASCIMENTO

(a) *Rispondete alle domande seguenti:*
1. Dove e quando nacque Dante Alighieri?
2. Perché possiamo dire che Dante fu il padre della letteratura italiana?
3. Quali altri scrittori troviamo all'inizio della letteratura italiana?
4. Per che cosa è ricordato il Boccaccio?

5. Perché è facile leggere le opere degli inizi della letteratura italiana?
6. Quale letteratura ammirarono gli scrittori del Rinascimento?
7. Che cosa scrisse Benvenuto Cellini?
8. Cosa vuol dire *Gerusalemme Liberata?*
9. Che cosa è *Il Principe?*
10. Quali sono alcuni personaggi della *Commedia dell'Arte?*
11. Cosa è un poema cavalleresco?
12. Chi fu ammirato nel periodo romantico?
13. Quando visse il Petrarca?
14. Ha mai letto Chaucer Lei?
15. Cosa vuol dire *Commedia dell'Arte?*

(b) *Completate le frasi seguenti:*
1. Dante morí a _____ nel _____.
2. Francesco Petrarca fu un grande _____.
3. La donna che ispirò Dante si chiamava _____.
4. Chaucer fu un sincero _____ di Boccaccio.
5. Il Rinascimento abbraccia il _____ e il _____.
6. L'autore dell'*Orlando Furioso* è _____.
7. Torquato Tasso scrisse _____.
8. *La Commedia dell'Arte* era in gran parte _____.
9. Tasso ebbe una vita _____.
10. Lorenzo dei Medici era un poeta _____.

(c) *Scrivete frasi originali per ciascuna di queste espressioni:*
1. all'inizio
2. essere ricordato
3. attraverso i secoli
4. grande entusiasmo
5. tuttavia

25. UN PO' DI LETTERATURA ITALIANA

DAL RINASCIMENTO ALL'EPOCA MODERNA

(a) *Rispondete alle domande seguenti:*
1. E' conosciuta oggi la letteratura italiana negli Stati Uniti?
2. Ha mai letto Lei un romanzo di un autore italiano?
3. Chi è un poeta italiano contemporaneo?
4. Ha mai sentito parlare di Pirandello Lei?
5. Qual è l'ultimo romanzo che Lei ha letto?
6. Cosa vuol dire *marinismo?*
7. Chi era Galileo?
8. Che cosa era Campanella?
9. Chi scrisse la *Scienza Nuova?*
10. Quante commedie scrisse Goldoni?
11. Qual è il periodo della lotta per l'indipendenza in Italia?

12. In che anno diventò indipendente l'Italia?
13. Qual è il piú famoso romanzo italiano?
14. Può nominare un autore italiano che ha ricevuto il premio Nobel?
15. Chi è uno dei grandi poeti lirici d'Italia?

(b) *Completate le frasi seguenti:*
1. Carlo Goldoni nacque a _____.
2. Carlo Goldoni scrisse circa _____ commedie.
3. Oggi in America molti leggono _____ italiani.
4. Secentismo è un termine derivato dal _____ secolo.
5. Campanella era uno scrittore _____.
6. Lo stile barocco è _____.
7. Lo scopo del *marinismo* era la_____.
8. Il romanzo di Manzoni si chiama _____.
9. Il movimento letterario dell'Ottocento si chiama _____.
10. *Il Ventaglio* è una commedia di_____.

(c) *Scrivete frasi originali per ciascuna di queste espressioni:*
1. diventare di moda
2. non tanto recente
3. con l'eccezione di
4. prendere il suo posto
5. riflettere i cambiamenti

26. DA FIRENZE A SIENA
(a) *Rispondete alle domande seguenti:*
1. Che cosa voleva fare Roberto?
2. Perché ha cambiato proposito?
3. Che cosa è Fregene?
4. Che cosa domandava Nanda a Roberto nella lettera?
5. Come viaggiano Nanda e Roberto?
6. Che cosa vedono sulle colline dall'autobus?
7. Che cosa incomincia a recitare Roberto?
8. È stata mai a Siena Nanda? Perché?
9. Che cosa c'è a Siena il sedici agosto?
10. Che cosa è il Palio?
11. Che cosa sono le contrade?
12. Dove si ferma l'autobus a Siena?
13. Chi ha parlato a Roberto di San Gimignano?
14. Che cosa ci vuole per visitare tutti i paesetti italiani?
15. Come riconosce Nanda il Duomo di Siena?

(b) *Completate le frasi seguenti:*
1. Due giorni fa Roberto ha ricevuto una _____.
2. Fregene è una piccola città _____ vicino a Roma.
3. Nanda arriverà a Firenze il _____ del 23.
4. Numerose _____ separano Firenze da Siena.
5. I lavoratori caricano il _____ su carri rossi.
6. Nanda recita un _____ di Giosuè Carducci.
7. Il Palio risale al _____.
8. Il _____ in costume dura circa due ore.
9. Roberto non ha mai _____ del Palio.
10. San Gimignano ha conservato l'aspetto di _____.

(c) *Scrivete frasi originali per ciascuna di queste espressioni:*
1. qualche giorno di piú
2. gremito di spettatori
3. verso le otto
4. imparare a memoria
5. volerci

27. IN VIAGGIO PER ROMA

(a) *Rispondete alle domande seguenti:*
1. A che ora arrivò a Siena l'autobus di Nanda e Roberto?
2. Che cosa visitarono dopo colazione?
3. Perché Roberto trovò la passeggiata interessante?
4. Che cosa decise l'autista? Perché?
5. Perché la campagna aveva un aspetto triste?
6. Come era intitolato il libro di Roberto?
7. Quando fu fondata Roma?
8. Perché pensa Lei che Roma sia una città affascinante?
9. Ricorda Lei i nomi di tre monumenti di Roma antica?
10. In che secolo furono costruite quasi tutte le fontane romane?
11. Che popolazione ha Roma?
12. Perché l'aspetto di Roma cambia di anno in anno?
13. Perché Nanda svegliò Roberto?
14. Cosa rende Roma una città unica al mondo?
15. Che tempo faceva quando l'autobus arrivò a Roma?

(b) *Completate le frasi seguenti:*
1. I due giovani fecero un lungo _____ per la città.
2. Le strade di Siena ritengono il loro carattere _____.
3. Il cielo si era _____ nuvole.
4. La campagna sotto la pioggia aveva un aspetto _____.
5. A poco a poco Roberto s'era _____.
6. Roma è sempre stata un centro della _____ occidentale.

7. _____ danno un carattere speciale a molti quartieri di Roma.
8. Roma è _____ una città moderna.
9. Nuovi quartieri sorgono con una rapidità _____.
10. Roberto invece si era _____.

(c) *Scrivete frasi originali per ciascuna di queste espressioni:*
  1. avere un aspetto
  2. intitolarsi
  3. Roma imperiale
  4. essere in aumento
  5. essere buio

28. UNA LETTERA DA ROMA

(a) *Rispondete alle domande seguenti:*
  1. A chi ha scritto Roberto?
  2. Perché non ha scritto prima?
  3. Che farà Roberto domani sera?
  4. Perché Roberto non si è ancora abituato alla vita nuova?
  5. Da quanto tempo è in Italia Roberto?
  6. A chi è sempre stato un paese caro l'Italia?
  7. Che cosa spera Roberto?
  8. Di che cosa ringrazia Roberto il suo professore?
  9. Con chi ha parlato Roberto al telefono la sera prima?
  10. Che tempo ha trovato Roberto in Italia?
  11. Dove vuole fare una scappata Roberto?
  12. Com'è l'inverno a Roma?
  13. In generale come ha trovato gl'Italiani Roberto?
  14. Di che cosa vuole essere degno Roberto?
  15. Qual è l'indirizzo di Roberto?

(b) *Completate le frasi seguenti:*
  1. Quando si viaggia manca il tempo di fare tutto quello che si _____.
  2. Il viaggio da New York a Parigi fu _____ e _____.
  3. Nanda in questi giorni _____ a Roma.
  4. Non mi sento _____ di parlargliene.
  5. L'aspetto dell'Italia è una continua _____ per gli artisti.
  6. Roberto ha già fatto numerosi _____.
  7. Roberto ha un appuntamento con il maestro Bertelli per _____.
  8. La lingua per ora non è stata un _____.
  9. Roberto spera di fare _____.
  10. Roberto vuole esprimere la sua _____ al suo professore.

(c) *Scrivete frasi originali per ciascuna di queste espressioni:*
1. mancare il tempo
2. trovarsi
3. non sentirsi in grado
4. rendersi conto
5. fare una scappata

29. ALLE TERME DI CARACALLA

(a) *Rispondete alle domande seguenti:*
1. Cosa dicono in Italia quando rispondono al telefono?
2. Che faceva Roberto quando squillò il telefono?
3. Che cosa è riuscita a trovare Nanda?
4. Che cosa ha in programma per il pomeriggio Roberto?
5. Che cosa vorrebbe consultare Roberto?
6. Che cosa sono le Terme di Caracalla?
7. Dove cenano Nanda e Roberto?
8. Che impressione riceve Roberto delle Terme di Caracalla?
9. Quando comincia lo spettacolo?
10. Che opera vedranno i due giovani?
11. Chi conduce i due giovani ai loro posti?
12. Che opera avrebbe preferito vedere Roberto?
13. Che cosa dice Roberto a Nanda?
14. Quando spengono le luci?
15. Ha mai visto uno spettacolo all'aperto Lei? Dove?

(b) *Completate le frasi seguenti:*
1. Roberto aveva _____ la posta all'American Express.
2. I biglietti per l'*Aida* erano tutti _____.
3. Roberto passerà a _____ Nanda a casa della sua amica.
4. Roberto _____ il ricevitore.
5. L'autobus passa _____ davanti all'albergo.
6. L'impiegato dice: "Le _____ prendere un tassí."
7. Durante l'estate si danno delle opere _____.
8. I due amici arrivano pochi minuti _____ dello spettacolo.
9. Roberto si guarda attorno con _____.
10. Dopo poco le luci si _____.

(c) *Scrivete frasi originali per ciascuna di queste espressioni:*
1. scendere giú
2. essere esaurito
3. dispiacere
4. sotto le stelle
5. spengere le luci

30. MUSICA ITALIANA

L'OPERA DALLE ORIGINI AI NOSTRI GIORNI

(a) *Rispondete alle domande seguenti:*
 1. Che cos'è il *Rigoletto?*
 2. Quante volte è stato rappresentato il *Rigoletto?*
 3. Come le altre opere italiane, di che cosa fa parte il *Rigoletto?*
 4. Che cosa è un melodramma?
 5. Che voleva fare Vincenzo Galilei?
 6. Quando e dove ebbe gran successo il melodramma?
 7. Chi è e che cosa fece Claudio Monteverdi?
 8. Perché, crede Lei, la tradizione dell'opera non è mai stata interrotta?
 9. Lei ricorda le date di Giuseppe Verdi?
 10. Dei pochi musicisti che abbiamo conosciuto, quale morí quando era molto giovane?
 11. Quale opera preferisce Lei, signor (signorina) . . . e perché?
 12. Che cosa vuol dire "opera buffa?"
 13. Quali sono i nomi di alcune voci maschili nel canto?
 14. Lei, signor (signorina) . . . conosce il nome di qualche compositore italiano moderno?
 15. Perché *Il prigioniero* di Dallapiccola si considera un'opera nuova?

(b) *Completate le frasi seguenti:*
 1. Il *Rigoletto* è stato rappresentato _____ di volte.
 2. *La Camerata dei Bardi* era un gruppo di _____.
 3. Dalle origini fino a oggi la tradizione dell'opera italiana non è stata mai _____.
 4. Fu durante il secolo _____ che _____ ottenne gran successo.
 5. Un "soprano" è una voce _____.
 6. La prima opera che conosciamo si chiama _____ e fu scritta da _____.
 7. Tutti riconoscono qualche aria del *Barbiere di Siviglia* che è _____.
 8. In un dramma gli attori _____ la loro parte, in un'opera la_____.
 9. Il libretto è _____.
 10. Il "bel canto" fiorí nei secoli _____ e _____.

(c) *Scrivete frasi originali per ciascuna di queste espressioni:*
 1. fare parte
 2. ottenere successo
 3. soprano
 4. opera buffa
 5. musica dodecafonica.

31. MUSICA ITALIANA

L'ARS NOVA. L'ORATORIO. LA MUSICA STRUMENTALE.

(a) *Rispondete alle domande seguenti:*
1. Quando nacque la musica sinfonica in Italia?
2. Quali furono i musicisti principali di quell'epoca?
3. Che cosa indicano le parole "adagio," "allegro," ecc.?
4. Che cos'è l'*Ars Nova?* Quando fiorí?
5. Che cos'è la *Vita Nuova,* e a che cosa corrisponde?
6. Che cosa sono "la caccia," "il madrigale," e "la ballata?"
7. Di che cosa fu il centro la Toscana?
8. Vi fu soltanto una scuola di musica in Italia nel Cinquecento?
9. Che cosa vuol dire "a cappella?"
10. Perché è importante la *Messa di Papa Marcello?*
11. Perché fu importante il madrigale nella musica profana?
12. Che differenza c'è fra l'*opera* e l'*oratorio?*
13. Era importante la presenza dei virtuosi italiani all'estero nel Seicento? Perché?
14. Chi era Paganini?
15. Parli brevemente di Antonio Vivaldi.

(b) *Completate le frasi seguenti:*
1. La musica detta sinfonica nacque in Italia nel secolo _____.
2. Finché la musica sacra sarà coltivata il nome di _____ non sarà mai dimenticato.
3. Le forme principali dell'*Ars Nova* furono _____, _____, e _____.
4. In Italia notiamo degli influssi francesi e fiamminghi _____.
5. Il Palestrina scrisse _____ di molte messe, e creò _____ di musica sacra.
6. A Venezia oltre alla voce umana _____ anche gli strumenti.
7. Mentre l'opera trattava _____, l'oratorio trattava _____.
8. Giacomo Carissimi fu _____.
9. Il violino e il violoncello sono due strumenti _____.
10. Ci sono molte edizioni nazionali ed estere delle opere di _____ il quale scrisse molti concerti solistici e _____.

(c) *Scrivete frasi originali per ciascuna di queste espressioni:*
1. viola da gamba
2. con brio
3. *Ars Nova*
4. *oratorio*
5. musica elettronica

32. UNA LETTERA A ELIO MARTELLI
   (a) *Rispondete alle domande seguenti:*
      1. Quando ha scritto la lettera a Elio, Roberto?
      2. Perché non ha scritto prima?
      3. Dove si trova Nanda?
      4. Quanto si fermerà a Bologna, Nanda?
      5. Che cosa è andato a vedere ieri Roberto?
      6. Dove pensa di stabilirsi Roberto?
      7. Come sono i pini tipici di Roma?
      8. Che cosa è la Sagra dell'Uva?
      9. Dov'è Villa d'Este?
      10. Quali affreschi entusiasmano in modo particolare Roberto?
      11. Quanti altari ci sono a San Pietro?
      12. Da cosa è attirato Roberto? Perché?
      13. Che cosa dovrà fare prima o poi Roberto?
      14. Come ha trovato il dialetto di Roma, Roberto?
      15. Perché Roberto dice che il proverbio non è certo molto comune a Firenze?

   (b) *Completate le frasi seguenti:*
      1. Nanda _____ a Milano fra una settimana.
      2. Roberto e Nanda _____ alla stazione di Bologna.
      3. La camera che Roberto è andato a vedere è grande e _____.
      4. Nella campagna _____ ci sono i graziosi paesi dei _____.
      5. Roberto non ha mai veduto tante fontane come a _____.
      6. Roberto ha già visitato due o tre _____.
      7. Roberto _____ soprattutto di arte moderna.
      8. San Pietro è un mondo in _____.
      9. Roberto non ha ancora avuto tempo di scendere in una _____.
      10. L'accento dei Romani è _____.

   (c) *Scrivete frasi originali per ciascuna di queste espressioni:*
      1. stabilirsi
      2. fuochi artificiali
      3. ricominciare da capo
      4. sentirsi attirare
      5. fare una gita

33. RISPOSTA DI ELIO A ROBERTO
   (a) *Rispondete alle domande seguenti:*
      1. Ha aspettato molto Elio a rispondere alla lettera di Roberto?
      2. Di che cosa ha avuto piacere Elio?
      3. Perché era andato a Venezia Elio?
      4. Che cosa ha fatto Elio dopo che è ritornato in Italia?
      5. Che cosa spera Elio?

213

6. Perché Venezia non si somiglia alle altre città?
7. Perché cercarono rifugio nelle paludi gli antichi abitanti delle pianure del Veneto?
8. Nacque tutto ad un tratto Venezia?
9. Come comunicano fra loro gli isolotti che formano Venezia?
10. Se a Venezia non ci sono vere strade, come si va dalla stazione a uno degli alberghi?
11. Perché crede Lei sia preferibile andare in gondola?
12. È vero che il Lido è una spiaggia molto conosciuta, ma qual è un'altra funzione importante del Lido?
13. Perché è caratteristica l'architettura di San Marco?
14. Per che produzione sono note le isole di Murano e di Burano?
15. Che cosa sperano i genitori di Elio?

(b) *Completate le frasi seguenti:*
1. La lettera di Roberto è stata una _____ sorpresa per Elio.
2. Elio è stato a Venezia per una settimana di _____.
3. Quando Roberto visiterà Venezia per la prima volta si domanderà come questa città _____.
4. Venezia ha _____ canali.
5. Elio consiglia a Roberto di prendere una _____ dalla stazione.
6. Una delle caratteristiche di Venezia è _____ dei colori.
7. Venezia fu sempre legata al _____.
8. Ogni angolo di Venezia ha un _____ speciale.
9. Invece di scrivere una lettera Elio ha presentato un _____ di Venezia.
10. Elio è bolognese ma per vocazione è _____.

(c) *Scrivete frasi originali per ciascuna di queste espressioni:*
1. fare piacere
2. cercar rifugio
3. lungo la costa
4. a poco a poco
5. accorgersi

34. UNA GITA A OSTIA
(a) *Rispondete alle domande seguenti:*
1. Come si chiama in Italia il quindici di agosto?
2. In Italia dove vogliono andare tutti in estate?
3. Dove passa le vacanze d'estate Lei?
4. Dov'è stato invitato a passare il pomeriggio Roberto?
5. Quanto tempo ci vuole per andare da Roma a Ostia?
6. Con chi gioca Luisa?
7. A chi somiglia Luisa?
8. Perché vuole ritornare a Ostia Antica Roberto?

9. Che cosa ha portato da bere Marina?
10. Che cosa passa all'orizzonte?
11. Perché è un'ottima idea per Roberto di ritornare in America in piroscafo?
12. Perché i tre amici parlano in italiano?
13. Perché John non ha insegnato l'inglese a Marina?
14. Perché i tre amici si mettono l'accappatoio?
15. Ha fretta di tornare a Roma, Roberto?

(b) *Completate le frasi seguenti:*
1. La festa di Ferragosto coincide con la festa dell' _____.
2. Le strade _____ di automobili e di motociclette.
3. Roberto è _____ sulla spiaggia.
4. La bambina dei Sutton gioca sulla _____.
5. Nei tempi antichi Ostia era un _____ importante.
6. John dice che Roberto è veramente un bravo _____.
7. Marina ha portato un cestino con dei panini _____.
8. Roberto ha piú sete _____ fame.
9. Il piroscafo viene da _____ ed è _____ a Napoli.
10. Roberto ritornerà a Roma con il treno _____.

(c) *Scrivete frasi originali per ciascuna di queste espressioni:*
1. come si dice
2. andare in villeggiatura
3. contentarsi
4. dare del lei
5. non si sa mai

35. SVAGHI DOMENICALI

(a) *Rispondete alle domande seguenti:*
1. Cosa aveva notato varie volte Roberto?
2. Perché il centro delle città americane è deserto la domenica?
3. Perché in Italia succede il contrario?
4. Che cosa fanno gl'Italiani quando vanno al centro?
5. Come vanno al centro molte famiglie italiane?
6. Come considerano molti Italiani il centro della loro città?
7. È importante il "caffè" nella vita italiana? Perché?
8. Che cosa sono i "centri rionali?"
9. Tutti gl'Italiani vanno al centro la domenica?
10. Ci sono giardini pubblici nella nostra città? Dove?
11. A che cosa somiglia la Piazza San Marco di Venezia?
12. Quando è vero questo, soltanto la domenica?
13. Quando mettono i tavolini dei caffè all'aperto in Italia?
14. In alcuni caffè che cosa c'è per attirare la clientela?
15. Sono tipici di Venezia questi passatempi domenicali?

(b) *Completate le frasi seguenti:*
1. Roberto decise di chiedere _____ agli amici.
2. La sua curiosità fu presto _____.
3. In Italia succede _____ il contrario.
4. Il centro d'una città italiana è anche il centro della vita _____.
5. La domenica la maggior parte della popolazione _____ al centro.
6. Molte famiglie prendono il _____ o l'autobus per andare al centro.
7. Ogni caffè ha una _____ generale.
8. Molti vanno ai _____ pubblici.
9. San Marco è come un grandissimo _____.
10. La domenica la banda _____ dà dei concerti.

(c) *Scrivete frasi originali per ciascuna di queste espressioni:*
1. una gita al mare (o in montagna)
2. il centro della vita mondana
3. la maggior parte
4. uomini d'affari
5. all'aperto

36. VERSO CINECITTÀ

(a) *Rispondete alle domande seguenti:*
1. Che cosa ha fatto Roberto appena si è alzato?
2. Dove deve trovarsi alle otto e un quarto?
3. Che cosa fa John Sutton?
4. Che hanno promesso gli amici a Roberto?
5. Come si chiama la cameriera della pensione di Roberto?
6. Che cosa mangia Roberto per colazione?
7. Ha mai assaggiato il cappuccino Lei?
8. Perché ad Angelina piace vedere Roberto che mangia?
9. Dove farà portare l'abito di Roberto la cameriera?
10. Che cosa vuol dire "Cinecittà"?
11. Che macchina ha John?
12. Che via seguono gli amici per andare a Cinecittà?
13. Quando è venuto in Italia per la prima volta John?
14. Ha mai visto una pellicola italiana Lei?
15. Dove cominciano la loro visita?

(b) *Completate le frasi seguenti:*
1. John ha promesso a Roberto di _____ a visitare Cinecittà.
2. Roberto si sta facendo _____ alla cravatta quando la cameriera _____.
3. Roberto dice alla cameriera: "Vorrei _____ il mio abito."
4. Roberto pensa: "Avrei anche potuto mangiare con _____."
5. A Cinecittà _____ due pellicole.

6. Roberto guarda verso le colline e riconosce i _____ Romani.
7. John non sa se si è veramente _____ in Italia.
8. John ferma la macchina al _____.
9. Oggi l'industria _____ è molto importante in Italia.
10. Gli amici si avviano verso un _____ enorme.

(c) *Scrivete frasi originali per ciascuna di queste espressioni:*
1. fare la doccia
2. ci penso io
3. vedere spuntare
4. mettersi a ridere
5. avviarsi

37. IL CINEMA ITALIANO

(a) *Rispondete alle domande seguenti:*
1. A quando risale la storia del film italiano?
2. Come è possibile far risalire la storia del film italiano alla fine dell'Ottocento?
3. Che cosa fu *Cabiria?*
4. Siamo sicuri che il sistema delle dive originò in Italia?
5. Lei sa se Eleonora Duse era soltanto una diva del cinema?
6. Che cosa fece al cinema italiano la prima guerra mondiale?
7. Che importanza ebbe il governo fascista per il cinema?
8. Perché consideriamo importante il Centro Sperimentale di Cinematografia?
9. Perché è importante il film *Roma, città aperta?*
10. Che influsso ha avuto il neorealismo?
11. Lei ha veduto qualche film di Vittorio de Sica? Quali?
12. Quale regista italiano preferisce Lei? Perché?
13. Perché sono importanti gli anni cinquanta?
14. Che importanza linguistica ha avuto il film *La dolce vita?*
15. Chi è Bernardo Bertolucci?

(b) *Completate le frasi seguenti:*
1. Al 1914 risale _____ intitolato _____.
2. Da *Cenere* di Grazia Deledda _____ un film dove appare l'attrice _____.
3. *Sperduti nel buio* è importante perché è _____.
4. I giovani che contribuirono al rinascimento del film italiano impararono al _____.
5. Il movimento che ha rivoluzionato l'estetica del film _____.
6. *Paisà* è di Roberto _____.
7. Negli anni cinquanta il film italiano _____ direzione.
8. Fino ad anni recentissimi _____ è uno dei registi piú rappresentativi.

9. Hanno cercato con _____ di rendere l'impossibilità di _____.
10. Recentemente due registi sono apparsi all'orizzonte: _____
    e _____.

(c) *Scrivete frasi originali per ciascuna di queste espressioni:*
   1. cortometraggio
   2. diva
   3. dare un colpo mortale
   4. chiudersi
   5. sfumatura

38. ARTIGIANATO ITALIANO

(a) *Rispondete alle domande seguenti:*
   1. Che cosa c'è stato in Italia dopo la seconda guerra mondiale?
   2. A che cosa è dovuta in gran parte la rinascita dell'Italia meridionale?
   3. Qual è il grande desiderio delle classi meno abbienti?
   4. Si costruiscono soltanto macchine da cucire in Italia?
   5. Quale aspetto dell'artigianato italiano rappresenta l'illustrazione a pagina 149?
   6. Chi si reca in Italia tutti gli anni e perché?
   7. È vero che l'industria moderna ha distrutto l'artigianato in Italia?
   8. Che cosa fanno anche oggi su misura in Italia?
   9. Di che cosa è un esempio l'illustrazione a pagina 151?
   10. È un'arte moderna quella della ceramica?
   11. Per quali articoli è nota Firenze?
   12. Per che cosa è famosa Carrara?
   13. Per quali prodotti dell'artigianato è famosa Napoli?
   14. In Italia i merletti si fanno soltanto a Murano?
   15. Perché è un paese di contrasti l'Italia?

(b) *Completate le frasi seguenti:*
   1. L'Italia meridionale è una zona prevalentemente _____.
   2. Dappertutto c'è un grande desiderio di migliorare la vita delle classi _____.
   3. I tessuti italiani sono molto _____.
   4. In Italia molti articoli sono ancora fatti _____.
   5. Molte persone in Italia hanno un _____ preferito.
   6. Le ceramiche etrusche risalgono all'epoca _____.
   7. Firenze è nota per la _____ di oggetti di cuoio.
   8. Le montagne di marmo _____ come tanti specchi il sole.
   9. L'arte del ricamo e del vetro sono _____ in Italia.
   10. _____ e la grande industria si danno la mano dovunque.

(c) *Scrivete frasi originali per ciascuna di queste espressioni:*
   1. all'estero
   2. l'industria cinematografica
   3. fatto a mano
   4. su misura
   5. non poter fare a meno (di)

39. ALCUNI GRANDI SCIENZIATI ITALIANI
   (a) *Rispondete alle domande seguenti:*
       1. Perché si dice che gli Italiani hanno un'inclinazione speciale per l'arte?
       2. Quale scuola di medicina era famosa nel Medioevo?
       3. In che anno fu fondata la prima università europea?
       4. Chi era Leonardo da Vinci?
       5. Perché il secolo di Leonardo non fu propizio alla scienza?
       6. Quale tesi difese Galileo Galilei?
       7. Che famoso esperimento fece Galileo a Pisa?
       8. Chi inventò il barometro?
       9. Cosa vuol dire "provando e riprovando"?
      10. Chi si serví per la prima volta del microscopio negli studi anatomici?
      11. Da quale nome è derivata la parola "voltaggio"?
      12. Chi era Enrico Fermi?
      13. Dove ebbe luogo la prima reazione atomica a catena?
      14. Perché Guglielmo Marconi ricevé il Premio Nobel?
      15. Perché il nome di Amerigo Vespucci è legato al continente americano?

   (b) *Completate le frasi seguenti:*
       1. L'Italia ha anche una tradizione_____.
       2. La scienza nel senso moderno sorse nel _____.
       3. Leonardo nacque nel piccolo paese di _____.
       4. Leonardo fu un _____ nel suo secolo.
       5. Galileo iniziò l'era scientifica dell'astronomia con il suo _____.
       6. Una famosa accademia fondata nel secolo diciassettesimo è l'accademia _____.
       7. Luigi Galvani era professore di _____.
       8. _____ inventò la dinamo.
       9. Il popolo italiano è portato alla _____ del nuovo.
      10. Una spedizione italiana scalò la vetta K2 nel _____.

   (c) *Scrivete frasi originali per ciascuna di queste espressioni:*
       1. tuttavia
       2. tener presente

3. restare meravigliato
4. servirsi
5. assai spiccato

40. NAPOLI E DINTORNI
   (a) *Rispondete alle domande seguenti:*
     1. Perché la *Villa dei Misteri* è importante dal punto di vista artistico?
     2. Roberto visita Pompei da solo?
     3. Che cosa sembra incredibile secondo uno dei turisti?
     4. Che cosa non riesce a riconoscere Roberto?
     5. Come si accorge quel signore che Roberto non è italiano?
     6. Che cosa dà quel signore a Roberto?
     7. Che cosa non sapeva Roberto dell'accento del signor Velieri?
     8. Questa era la prima visita a Pompei per il signor Velieri?
     9. Che cos'è la Festa di Piedigrotta?
    10. Che cos'è il San Carlo?
    11. Che cosa intende di fare Roberto prima di ritornare a Napoli?
    12. Che cosa fanno Roberto e il signor Velieri durante il viaggio di ritorno in autobus?
    13. Che cosa offre di fare il signor Velieri dopo che sono scesi a Piazza del Plebiscito?
    14. Perché Roberto non accetta?
    15. Dove andrà Roberto a cena con il suo amico americano?

   (b) *Completate le frasi seguenti:*
     1. E cosí dicendo _____ entra nell'edificio.
     2. Roberto ha deciso di fare _____ a Pompei.
     3. Il signore con cui Roberto parla è vestito molto _____.
     4. Il signor Velieri dà il suo biglietto _____ a Roberto.
     5. Roberto _____ la mano al signor Velieri.
     6. Roberto non sapeva che il signor Velieri _____ piemontese.
     7. Il signor Velieri non _____ di visitare Pompei e Ercolano.
     8. Al signor Velieri sembra che in tre giorni Roberto _____ fatto molto.
     9. Capri era un posto di _____ al tempo dei Romani.
    10. Roberto ha un appuntamento con un amico _____ per Napoli.

   (c) *Scrivete frasi originali per ciascuna di queste espressioni:*
     1. fare un'escursione
     2. intendersene
     3. non mancare mai (di)
     4. un biglietto da visita
     5. dal modo come parla

41. FESTE ITALIANE

(a) *Rispondete alle domande seguenti:*
1. Quando fu unificata l'Italia?
2. Che tradizioni e costumi sono scomparsi?
3. Che parola usano gli Italiani per "folklore"?
4. Che specie di feste ci sono in Italia?
5. Dove ha luogo la festa del Redentore?
6. In cosa consiste la festa del Redentore?
7. Che cosa è la festa di Piedigrotta?
8. Come è decisa la popolarità delle canzoni alla festa di Piedigrotta?
9. Dov'è Gubbio? E Assisi dov'è?
10. Chi sono i "ceraioli"?
11. Quando ha luogo lo Scoppio del Carro?
12. Che evento storico celebra lo Scoppio del Carro?
13. Che cosa è il presepio?
14. Aveva mai sentito parlare del Palio di Siena Lei?
15. Che cosa si danno durante il Maggio Musicale Fiorentino?

(b) *Completate le frasi seguenti:*
1. Dopo l'unificazione le differenze tra una parte e l'altra del paese si ___.
2. Di tutte le feste italiane le più ___ sono quelle religiose.
3. Durante la Festa del Redentore c'è il tradizionale spettacolo___.
4. Seguono dei giorni ___ fra i compositori di canzoni popolari.
5. Il dialetto napoletano ___ alla canzonetta.
6. Un cero è una grossa ___.
7. Il carro viene tirato da ___ di buoi.
8. Ogni casa che dà sulla via è ___ a festa.
9. Il primo posto ___ al Palio di Siena.

(c) *Scrivete frasi originali per ciascuna di queste espressioni:*
1. aver luogo
2. in modo particolare
3. prestarsi
4. di solito
5. rievocare la storia

42. VIAGGIO NOTTURNO A PALERMO

(a) *Rispondete alle domande seguenti:*
1. Che cosa ha visitato Roberto a Napoli e nei dintorni?
2. Che fortuna ha avuto Roberto?
3. Perché Roberto è a bordo del *Campania Felix*?
4. Come ha trovato la sua cabina?

5. Chi è Giorgio Mancini?
6. È stato altre volte in Sicilia Giorgio Mancini?
7. Perché va in Sicilia Giorgio Mancini?
8. Perché Roberto ha pensato di fare il giro della Sicilia ora?
9. Visiterà solamente Palermo Roberto?
10. Che cosa dice Giorgio che faranno insieme domani?
11. Perché i due giovani salgono sul ponte?
12. Perché c'è un grande movimento di passeggeri?
13. Che cosa annuncia il fischio prolungato?
14. Che cosa vedono mentre il piroscafo si allontana?
15. Che cosa dice Giorgio che Roberto dovrebbe fare prima di ritornare in America?

(b) *Completate le frasi seguenti:*
1. Roberto ha visitato i luoghi di _____.
2. Giorgio Mancini è un giovane _____.
3. A Palermo di alberghi _____ diversi.
4. Se non ha _____, possiamo andare allo stesso albergo.
5. I due giovani si _____ alla ringhiera.
6. Dopo un'oretta tolgono la _____.
7. È un _____ incantevole, dice Roberto.
8. Roberto _____ una sigaretta.
9. Sul ponte faceva _____.
10. Se _____ Urbino e Ravenna sono vicine.

(c) *Scrivete frasi originali per ciascuna di queste espressioni:*
1. prima che finisca l'inverno
2. non avere nulla in contrario
3. un colpo d'occhio
4. paese di nascita
5. valere la pena

43. LA SICILIA
(a) *Rispondete alle domande seguenti:*
1. Sono facili le comunicazioni tra la Sicilia e la penisola? Perché?
2. Quanto è largo lo stretto di Messina?
3. Come è il clima della Sicilia?
4. Perché la Sicilia è stata invasa molte volte?
5. Quali città sono state i centri principali nella storia della Sicilia?
6. Qual è l'origine di Siracusa?
7. Qual è il centro amministrativo e culturale della Sicilia oggi?
8. Che cosa è lo Scirocco?
9. Vi sono montagne in Sicilia?
10. Dov'è situata Taormina?

11. Perché è famosa Marsala?
12. Chi erano i "Mille"?
13. Che cosa hanno scoperto recentemente in Sicilia?
14. Di che cosa gode oggi la Sicilia politicamente parlando?
15. Su che cosa ha giurisdizione il parlamento siciliano?

(b) *Completate le frasi seguenti:*
1. La Sicilia è la _____ delle isole italiane.
2. La storia della Sicilia è _____ a quella dell'Italia.
3. La Sicilia è situata quasi al _____ del Mediterraneo.
4. Siracusa fu il centro della civiltà _____.
5. Palermo diventò la metropoli durante il dominio _____.
6. Quasi due terzi dell'isola sono un _____.
7. Dappertutto il carattere _____ dell'isola è evidente.
8. Per il turista la Sicilia è un vero _____.
9. Messina fu quasi completamente distrutta dal _____.
10. L'avvenire della Sicilia si presenta _____.

(c) *Scrivete frasi originali per ciascuna di queste espressioni:*
1. essere evidente
2. appassionato a
3. essere caro a
4. dare impulso
5. avere giurisdizione

44 SUL MONTE PELLEGRINO

(a) *Rispondete alle domande seguenti:*
1. Dov'è situata Palermo?
2. Perché è bello fare una gita sul Monte Pellegrino?
3. Che cos'è la Conca d'Oro?
4. Come si spiega che Santa Rosalia è la santa preferita dei Palermitani?
5. Che cosa ammirano gli artisti sia Italiani che stranieri?
6. Che cosa commemora la lapide che vediamo nella grotta del santuario?
7. Perché dovrebbero aver fretta i due giovani?
8. Di che cosa è rimasto sorpreso Roberto?
9. Perché a un certo momento della storia di Palermo in questa città c'erano circa trecento moschee?
10. Perché il Monte San Pellegrino fa pensare a un elicottero?
11. Se Lei guarda le cupole nell'illustrazione a pagina 185 a che cosa pensa? A una chiesa di architettura tipicamente italiana?
12. Perché a un certo punto Giorgio parla di Padova e di Venezia?
13. Dove possiamo vedere dei mosaici squisiti a Palermo?

14. Signor (Signorina) . . ., ci saprebbe dire che cosa è un chiostro?
15. Perché a un certo punto Roberto comincia a cantare un'aria?

(b) *Completate le frasi seguenti:*
   1. Il Monte Pellegrino è alto quasi 600 _____.
   2. Il sole _____ all'orizzonte ma i due giovani non avevano fretta.
   3. Una volta a Palermo c'erano circa 300 _____.
   4. La Sicilia fu _____ al Regno d'Italia nel 1860.
   5. Sul Monte Pellegrino sembra di essere in _____.
   6. La cattedrale di San Marco è _____ da cupole di gusto bizantino.
   7. Quella è la cattedrale in cui è _____ Federico II.
   8. I mosaici _____ il ciclo del Vecchio e del Nuovo Testamento.
   9. Ci sono 216 colonnette _____ di mosaici.
   10. Ma come _____ di cantare quest'aria?

(c) *Scrivete frasi originali per ciascuna di queste espressioni:*
   1. fare attenzione
   2. venire in mente
   3. sentire dire
   4. piacere di più
   5. in motocicletta

45. **LETTERA DAL TRENO**
   (a) *Rispondete alle domande seguenti:*
   1. Da dove e a chi scrive Roberto?
   2. Come ha attraversato lo stretto di Messina Roberto?
   3. Quanto dura la traversata dello stretto?
   4. Come è andato Roberto da Napoli a Palermo?
   5. Come girò per Palermo Roberto?
   6. Perché la Sicilia è stata una rivelazione per Roberto?
   7. Che cosa consiglia di fare Roberto a Nanda?
   8. Quale città ha specialmente affascinato Roberto?
   9. Che cosa era l'albergo San Domenico nel secolo quindicesimo?
   10. C'era molta sabbia alla spiaggia d'Isola Bella?
   11. Che cosa manca a Roberto per fermarsi in Calabria?
   12. Perché Roberto non vede l'ora di arrivare a Roma?
   13. Dove si sistemerà a Roma Roberto?
   14. A che cosa pensa con tristezza Roberto?
   15. Cosa sono i "pupi"?

   (b) *Completate le frasi seguenti:*
   1. Il treno corre lungo la costa _____ della Calabria.
   2. Roberto ha veduto uno dei nuovi _____ che sono velocissimi.
   3. La Sicilia è un miscuglio di _____ e di occidente.

4. Da Palermo avrei voluto fare _____ dell'isola.
5. Roberto doveva rimanere a Taormina un giorno e mezzo e invece _____ quattro giorni interi.
6. La trasformazione in albergo è stata fatta con _____.
7. Roberto ha fatto una dozzina di _____.
8. Roberto ha lasciato Taormina pieno di energia e _____.
9. Se _____ permettere un lusso simile Roberto vorrebbe comprare un'automobile.
10. Fammi sapere se la mia visita a Natale ti _____.

(c) *Scrivete frasi originali per ciascuna di queste espressioni:*
  1. mantenere la promessa
  2. fare la traversata
  3. dappertutto
  4. il tempo passa
  5. dimenticare di dire

Vocabulary

FOREWORD

1. A preposition in parentheses after a verb indicates that the verb requires that preposition before an infinitive.

2. Italian words are generally stressed on the next-to-the-last syllable (**amico**). No marking is used to show the stressed syllable in this type of words.

3. An inferior dot indicates stress in words other than those mentioned in paragraph 2 (**a̤rido, rispọndere**).

4. A final vowel that bears a written accent is always stressed (**università**).

5. Open **e**'s and **o**'s are always stressed. These are indicated by an inferior hook (**mẹdico, automọbile**).

6. Voiced **s**'s and **z**'s are italicized (**fra*s*e, *z*ero, a*z*zurro**).

7. No special list of "idioms" is provided: idioms will be found under the key word.

ABBREVIATIONS

adj.	adjective	*m.*	masculine
adv.	adverb	*m.pl.*	masculine plural
cond.	conditional	*n.*	noun
ecc.	et cetera	*past abs.*	past absolute
f.	feminine	*past part.*	past participle
f.pl.	feminine plural	*pl.*	plural
fut.	future	*pres.*	present
imp.	imperfect	*pron.*	pronoun
ind.	indicative	*sing.*	singular
lit.	literally	*subj.*	subjunctive

A

a, ad at, to, in, on, for, until, with, from

abbacchio lamb *(butchered)*

abbandono abandonment

abbastanza enough, rather

abbellire to beautify, to make beautiful

abbia *(pres. subj. of* **avere)** has

abbiamo *(pres. ind. of* **avere)** we have

abbiente rich, well-off; **le classi meno abbienti** the most indigent people

abbondantemente abundantly

abbondanza abundance

abbracciare to embrace

abilità ability, skill

abitante *m.* inhabitant

abitare to live, to dwell

abito suit of clothes

abituarsi to become accustomed

abitudine *f.* habit

Abruzzi *m.pl. a region in central Italy*

accademia academy; **accademia di belle arti** academy of fine arts

accanto next

accappatoio beach robe

accedere to enter, to go

accennare to mention

accento accent, intonation

accettare to accept

accompagnare to accompany

accordo agreement; **essere d'accordo** to agree; **siamo d'accordo** it is understood

accorgersi (di) to notice, to be aware, to realize

accorto *(past part. of* **accorgere): me ne sono accorto** I noticed

accuratamente carefully

acqua water

acquedotto aqueduct

acquistare to acquire, to purchase

adagio slowly; adagio

addio good-bye

addobbato decorated

addormentarsi to fall asleep

aderire to adhere, belong

adesso now

Adige *m. a large river in northern Italy*

Adriatico Adriatic *(sea)*

adulto adult

aereo airplane; **in aereo** by airplane

aeroplano airplane; **in aeroplano** on the airplane

aeroporto airport

affare *m.* business *(one transaction);* **gli affari** business *(in general);* **uomini d'affari** businessmen

affascinante fascinating

affascinare to fascinate

affatto at all

affermarsi to affirm oneself, to assert oneself

affetto affection

affidare to entrust

affollato (di) crowded (with)

affresco fresco painting

affrettarsi to hasten

affrettato hasty

afoso sultry

aggiornato up to date

aggiungere to add

agio leisure

agli = a + gli

Agnese Agnes

agosto August

agricolo agricultural

agricoltura agriculture

Agrigento *f. a city in Sicily*

ai = a + i

Aïda Aida *(one of Verdi's best-known operas)*

aiutare to help

aiuto help, aid

al = a + il

albergo hotel

albero tree; **albero da frutta** fruit tree

alcoolico alcoholic

alcuno some, any

Alessandro Alexander

Alfa Romeo, *f.* an Italian automobile

Alfieri, Vittorio (1749–1803) *Italian playwright*

aliante *m.* glider

alienato alienated

aliscafo hydrofoil boat

Alitalia *an Italian air line*

all' = a + l'

alla = a + la

alle = a + le
allegro cheerful, gay; allegro
allievo pupil
allo = a + lo
allontanarsi to go (far) away
allora then; well then, in that case
almeno at least
Alpi *f.pl.* Alps; Alpi Apuane Apuan Alps *(a chain of mountains located at northern tip of Tuscany)*
alquanto somewhat
altare *m.* altar
alterare to alter, to change
altipiano plateau
alto tall, high
altrettanto equally
altrimenti otherwise
altro other, another; senz'altro of course, that's true; più che altro more than anything else; altro? anything else?; fra altro among other things
altrove elsewhere
altrui others, other people; someone
alzare to rise, to raise; alzarsi to get up, to rise
Amalfi *f. a city near Naples*
amalfitano of Amalfi, Amalfitan
amante *m.* lover
amare to love
ambasciatore *m.* ambassador
ambizione *f.* ambition
Ambrogio Ambrose
americano American
amico friend
amministrativamente administratively
amministrativo administrative
ammirare to admire
ammiratore *m.* admirer
ammirazione *f.* admiration
amore *m.* love; è un amore is a doll, is lovely
Anacapri *f. town in upper Capri*
anatomico anatomical
anche also, too; even
Ancona *a city on Adriatic coast*
ancora still, yet, also; even; ancora una volta once again
andare to go; andiamo? shall we go?; com'è andata? how did it go?; come va che? how did it happen that?

andrà *(fut. of* andare*)* will go
andrò *(fut. of* andare*)* I shall go
anello ring
angelo angel
Angioino Angevin *(from the French royal family of the Anjou)*
angolo corner
anima soul
animato animated, gay
annesso *(past part. of* annettere*)* annexed
anno year; avere ... anni to be ... years old; di anno in anno from one year to the next; avrà ... anni is probably ... years old
annoiarsi to be (to get) bored
annoiato bored
annotato with notes
annuale annual
annunciare to announce
annunciatore *m.* announcer
antichità antiquity
anticipare to anticipate
antico ancient, old
Antonio Anthony
anzi on the contrary; as a matter of fact
aperto *(past part. of* aprire*)* open, opened; all'aperto in the open air
apparecchio set
apparire to appear
apparso *past part. of* apparire
appartamento apartment
appartenere to belong
appartengono *(pres. ind. of* appartenere*)* belong
apparve *past abs. of* apparire
appassionato (a) fond (of)
appena hardly, just; as soon as
Appennini *m. pl.* Apennines
appetito appetite; avere appetito to be hungry
Appia: Via Appia Appian Way, *an old Roman road;* Via Appia Nuova *a modern street named after the old one*
applauso *(usually used in the plural)* applause
applicare to apply
appoggiarsi (a) to lean (against)
appoggio support

apportare to bring, to contribute; to bring about
apposta on purpose
apprezzare to appreciate, to esteem
approfittare to profit, to take advantage
appuntamento appointment
appunto exactly, in fact
aprile *m.* April
aprire to open; to turn on
arabo Arab; Arabic
aranciata orangeade
arancio orange, orange tree
archeologia archeology
architetto architect
architettonico architectural
architettura architecture
arco arch
ardire (di) to dare
Arena di Verona *ancient Roman amphitheater in Verona*
Arezzo *f. a city east of Florence*
argento silver
aria air; aria *(operatic)*
aridità aridity
arido arid
arioso airy
Arlecchino Harlequin
armadio clothes closet; **armadio a muro** wall closet
armato armored
armatura armor
armonia harmony
Arno *a river in central Italy*
arrampicarsi to climb
arrivare to arrive
arrivederci good-bye
arrivederLa good-bye
arrivo arrival, coming
Ars Nova *music of the 14th century*
arte *f.* art
articolo article
artigianato handicraft
artista *m. and f.* artist
artisticamente artistically
artistico artistic
Ascensione *f.* Ascension
ascensore *m.* elevator
asciutto dry
Asia Asia

Asinelli (Torre degli) *a leaning tower in Bologna*
aspettare to wait, to wait for
aspetto appearance, shape; **ne ha l'aspetto** looks like one
assaggiare to taste
assai very
assegno check; **assegno per viaggiatori** traveler's check
assenza absence
assertore *m.* champion
assicurare to assure
Assisi *f. a city in central Italy; birthplace of Saint Francis*
assistere to assist, to witness
assolutamente absolutely
assumere to assume
Assunzione *f.* Assumption *(of the Virgin Mary into Heaven)*
astronomia astronomy
Atlantico Atlantic (ocean)
atletica athletics; **atletica leggera** track sports
atomico atomic
atrio lobby
attaccamento attachment
attaccare to attach, to hitch
attento attentive, careful
attenuare to attenuate, to minimize
attenzione *f.* attention; **fare attenzione** to pay attention
atterrare to land
attigua adjoining
attirare to attract
attività activity
attivo active
atto *(poetic)* posture
attore *m.* actor
attorno around; **si guarda attorno** looks around
attraversare to cross
attraverso through
attrice *f.* actress
attuale present-day
auguri *m.pl.* best wishes
aumentare to increase
aumento increase; **è in continuo aumento** grows continuously
aurora dawn
austero austere, sombre
austriaco Austrian

Austro-Ungarico Austrian-Hungarian
autista m. and f. driver
autobus m. bus
autocratico autocratic
autodromo automobile racing track
automobile f. automobile; automobile
da corsa racing car
automobilistico of the automobile;
servizio automobilistico bus service
autonomia autonomy
autopullman m. (inter-city) bus
autore m. author
autorevole authoritative
autostrada highway
autotreno truck-trailer
autunnale of the fall
autunno autumn, fall
avanti before; ahead; avanti e indietro back and forth; avanti! come
in! go in!
avere to have
Avignone f. Avignon, a city in Southern France
avrà (fut. of avere) will have
avrebbe (cond. of avere) would have
avrei (cond. of avere) I would have
avvenire m. future
avvento advent
avventura adventure
avvertire to warn
avviarsi to start out
avvicinarsi to approach, go to
avviso notice
azzurro blue
aviogetto jet

B

Bach, J. S. (1685–1750) German composer
bagaglio baggage
bagno bath; bathroom
baia bay, inlet
balletto ballet
balneare on the sea; sea resort
bambina little girl
bambino child, little boy
banco counter, desk
banda band
bandiera flag
bar m. coffeehouse
barbarico barbarian

barca boat
Bardi, Conte Giovanni (1534–1612)
Florentine patron of music
Bari f. a seaport in Apulia
barocco baroque
barometro barometer
basato based
base f. base
Basilicata a region in southern Italy
basso adj. low; short; n. bass
bastare to be sufficient, to be enough
basta! enough!
battaglia battle
battezzare to baptize
battistero baptistry
be' (colloquial) form of bene well
bel form of bello
bellezza beauty
Bellini, Vincenzo (1801–1835) Italian
composer, author of "Norma," "La
Sonnambula," etc.
bellissimo very beautiful
bello beautiful, lovely, handsome
ben, bene well; good; va bene all
right, it is all right
benedice (pres. ind. of benedire)
blesses
benedizione f. blessing
beni n. worldly goods
benignamente kindly, benignly
benisssimo very well
benzina gasoline
bere to drink
Bernini, Giovanni Lorenzo (1598–1680)
Italian sculptor and architect
bevanda drink, beverage
bevono (pres. ind. of bere) drink
bianco white
Bibbia Bible
bicchiere m. drinking glass
bicicletta bicycle
biglietto ticket, card
bilingue bilingual
binario track
biologia biology
biondo blond
Bisanzio f. Byzantium, Istanbul
bisognare to be necessary; non bisogna dimenticare one must not forget; bisognava prendere we should
have gotten

bisogno need; avere bisogno di to need
bistecca beefsteak
bizantino Byzantine
bizzarro odd
bocca mouth
Boccaccio, Giovanni (1313–1375) *author of the "Decameron"*
Boccioni, Umberto (1882–1916) *Italian painter*
bollente boiling-hot
bollettino bulletin, catalog
Bologna *a city in northern Italy*
bolognese *from Bologna*
bonifica reclamation (*of land*)
borbonico *of the house of the Bourbons*
bordo: a bordo on board
borgo village
borsa bag; borsa (di studio) scholarship
borsetta handbag
borsista *m. and f.* fellowship holder
Botticelli Sandro (1444–1510) *Florentine painter*
bottiglia bottle; bottiglione *m.* large bottle
bove *m.* ox
bravo fine, good
breve short, brief
brio cheerfulness, vitality; con brio with fire, "con brio"
brioso lively
bruciare to burn
Brunelleschi, Filippo (1377–1446) *Florentine architect and sculptor*
bue (*pl.* buoi) *m.* ox
buffo comical, comic
buffone *m.* clown; fare il buffone to clown
buio dark, pitch-black
buono good
Burano *f. an island near Venice, famous for its lace*
burro butter
bussare to knock

C

cabina stateroom
caccia hunt; *a musical and poetic form*
cacciare to drive out

cadere to fall
caduta fall
caffè *m.* coffee, coffeehouse
Cagliari *f. a city in Sardinia*
Calabria *a region in southern Italy*
calare to descend
calcio soccer
caldo *adj.* warm; *n.* heat; fare caldo to be warm
caleidoscopio caleidoscope
calle *f.* narrow street (*in Venice*)
calma calm
caloroso warm, enthusiastic
calzature *f.pl.* footwear
cambiamento change
cambiare to change, to exchange
cambio exchange, exchange office
camera bedroom
camerata group
cameriera maid
cameriere *m.* waiter; cameriere di bordo steward
camicia shirt
camion *m.* truck
camminare to walk; to run, to perform (*of an automobile*)
campagna country, countryside
campana bell
Campanella, Tommaso (1568–1639) *Italian philosopher*
Campania *a region in southern Italy*
campanile *m.* bell tower
Campigli, Massimo (1895–   ) *Italian painter*
campionato championship
campo field
canale *m.* canal, channel
cancellata iron gate
candela candle
candelabro chandelier
cannellone *m. a variety of large macaroni*
Canova Antonio (1757–1822) *Italian sculptor*
cantante *m. and f.* singer
cantare to sing
canto canto; singing
canzone *f.* song
capello hair
capire to understand
capitale *f.* capital

capitano captain
capitare to happen, to come
capitolo chapter
capo head, chief; da capo from the beginning, all over again
capolavoro masterpiece
cappẹlla chapel; Cappẹlle Medicee Medici's Chapels (in Florence); Cappẹlla Sistina Sistine Chapel (famous chapel in the Vatican); Cappẹlla Palatina Palatine Chapel (a highly decorated chapel in Palermo)
cappẹllo hat
cappuccino coffee with hot milk added
Capri f. small island in gulf of Naples
Caracalla a Roman emperor
carạttere m. character, nature
caratterịstica n. characteristic
caratterịstico characteristic
Caravạggio, Michelạngelo (1565–1609) Italian painter
caricare to load
caricaturale burlesque, comical
cạrico (di) loaded (with)
carino pretty
Carlo Charles; Il San Carlo a theater in Naples
carnevale m. carnival
caro dear; expensive
Carrà, Carlo (1881–1966) Italian painter
Carrara a town on Tyrrhenian coast, near Pisa, famous for its marble quarries
carrettiẹre m. cart driver
carretto two-wheeled cart
carro cart, car
carrọzza carriage, car (of train); in carrọzza! all aboard!
carta paper; map; carta geogrạfica map; carta stradale road map
cartẹllo sign
cartolina postcard
casa house, firm; a casa home; a casa sua at her house
caso case; per caso by chance, perchance
Cassa del Mẹzzogiorno Bank for the Development of the South
cassata an Italian ice cream

Cạssia Cassian Way, a road originally built by the Romans
castano chestnut brown
castẹl form of castẹllo, castle; Castẹl Sant'Ạngelo a round stronghold, originally built (2nd century A.D.) as a tomb for emperor Hadrian, in Rome; Castẹl Gandọlfo a town on hills south of Rome
castẹllo castle; Castẹlli Romani name given to a hilly region near Rome, dotted with little towns
catacomba catacomb, an underground meeting place and burial ground of early Christians
Catạnia a city on coast of Sicily
categoria category, class
catena chain; catena a reazione chain reaction
cattedrale f. cathedral
cattọlico Catholic
cạusa cause; a cạusa di because of
cava quarry
cavalleresco of chivalry
cavalleria chivalry; Cavalleria Rusticana (Rustic Chivalry) a well-known opera by Pietro Mascagni which has a Sicilian setting
cavalletto easel
cavallo horse; a cavallo on horseback
Cefalú a town near Palermo in Sicily
celebrare to celebrate, to hold (a festival)
cẹlebre famous
cẹlto Celt
cena supper
cenare to have supper
cẹnere f. ashes
centinạio (pl. le centinạia) (about) one hundred
centrale central
cẹntro center, down town; al cẹntro down town
cera wax
ceraiọlo man who carries a "cero"
cerạmica ceramics
cercare (di) to look for; to try, to seek
cerimọnia ceremony
cero a wax candle (but see description of festival in chapter 32)
certamente certainly

cẹrto *adj.* certain; *adv.* certainly; cẹrto
  che there is no doubt that
Certosa *a famous Carthusian monastery in Parma*
cestino basket
che who, whom, that which, what;
  what a; than
che cọsa? what?
chi who, whom, whoever, he who, him
  who; a person who
chiacchierare to chat
chiamare to call; chiamarsi to be
  called; mi chiamo my name is
chiaramente clearly
chiaro clear
chiave *f.* key
chiẹdere to ask
chiẹsa church
chilọmetro kilometer (⅝ *of a mile*)
chiọstro cloister
Chịrico, Giọrgio de (1888–   ) *Italian
  painter*
chiudere to close
chiuso (*past. part.* of chiudere) closed
ci us, to us, ourselves; each other, one
  another
ci there; c'ẹ̀ there is; ci sono there are
ciao! so long! good-bye; *also* hello!
ciascuno each, each one
CIAT (compagnia italiana autora-
  spọrti turịstici) *an Italian bus line*
ciclismo bicycle racing
ciclo cycle
ciẹco blind
ciẹlo sky, heaven; in ciẹlo in the sky
cima summit, top; in cima (a) at the
  top (of)
Cimabue   (1240–1302)   *Florentine
  painter*
Cimarọsa, Domẹnico (1749–1801) *Italian composer*
Cimento: Accadẹmia del Cimento *an
  academy in Florence*
Cina China
Cinecittà "Cinema City", *the center of
  the Italian movie industry, outside
  Rome*
cịnema *m.* cinematọgrafo cinema,
  movies
cinematografia cinematography
cinematogrạfico cinematographic

cinese Chinese
cinquanta fifty
Cinquecẹnto sixteenth century
ciọ̀ this, that; ciọ̀ che that which, what
cioẹ̀ namely, that is to say
ciprẹsso cypress tree
circa about, approximately
circolazione *f.* circulation, traffic
cịrcolo circle, club
circondare to surround
circostante surrounding
città city, town; Città del Vaticano
  Vatican City
cittadina *n.* small city
cittadino of the city
civile civil, civilized; civic
civiltà civilization
classe *f.* class, classroom
Classe *f.* village near Ravenna
clạssico classical
Clemẹnte Clement
clientẹla clientele, patrons
clima *m.* climate
coda tail; fare la coda to stand in line
coincịdere to coincide
colazione *f.* lunch, luncheon; fare colazione to have lunch; prima colazione breakfast
collana necklace
collegare to link, to communicate, to
  connect
collina hill
colomba dove
colonna column
Colonna Traiana, Colonna di Marco
  Aurẹlio *two ancient columns in
  Rome*
colonnato colonnade
coloratura coloratura
colore *m.* color; a colori in color
colorista *m. and f.* colorist
coloro they, them; those, those people
Colossẹo Colosseum
colpire to strike
colpo blow; colpo d'ọcchio view
coltivare to cultivate
comando command
combạttere to fight
combinazione *f.* coincidence
come as, such as, like; as a
cọmico comical

cominciare (a) to begin; a cominciare con beginning with
comitato committee
comitiva group (of people)
commędia comedy; Commędia dell'Arte Improvised Comedy
commediǫgrafo comedy writer
commemorare to commemorate
commensale m. table companion
commerciante m. merchant, businessman
commęrcio commerce, trade
commovęnte moving
comodità convenience, comfort
cǫmodo convenient; comfortable; restare cǫmodo to be convenient
compagnia company; line; in compagnia di with, together with
compagno companion, friend
compatto compact
competizione f. competition
compiere to accomplish
compimento completion
complęsso complex; n. ensemble
completamente completely
completare to complete, to finish
complęto complete
complicato complicated
componevano (imp. ind. of comporre) composed, made up
componimento composition
compositivo of composition
compositore m. composer
composizione f. composition
composto past part. of comporre to compose
comprare to buy
compręndere to understand; also to comprise, to include
comprensione f. understanding
comunale of the city; Teatro Comunale a theater in Florence
comune adj. common; n. city, state
comunicante communicating
comunicazione f. communication
comunità community
con with
conca shell, basin; Conca d'Ǫro Golden shell, basin surrounding Palermo
concęrto concert

concęrto grǫsso the most important type of Baroque concerto
concęsso (past part. of concędere) granted
condire to season, to dress
condizione f. condition; in ǫttime condizioni in excellent condition
condottięro mercenary captain
conduce (pres. ind. of condurre) leads
condǔcono (pres. ind. of condurre) lead
conferęnza lecture; tenere una conferęnza to give a lecture
conferenzięre m. lecturer
confessare to confess
confezionare to make
configurazione f. configuration, shape
confine m. boundary, border
confusione f. confusion
confuso confused
conobbi (past abs. of conǫscere) I met, I made the acquaintance of
conoscęnza acquaintance, knowledge
conǫscere to know, to meet, to be acquainted with; fare conǫscere to introduce
conosciuto known
conquista conquest
consacrare to consecrate
cǫnscio conscious
consegna delivery
conseguęnza consequence; per conseguęnza consequently
conservare to preserve, to keep
conservatǫrio conservatory
considerare to consider
considerazione f. consideration; pręndere in considerazione to consider
consideręvole considerable
considerevolmente considerably
consigliare (di) to advise; to suggest
consistere to consist
consolazione f. consolation
constatare to note, to find out
consultare to consult
contare to count, to include
conte m. Count
contemporaneo contemporary
contentarsi (di) to be satisfied (with)
continęnte m. continent

continuare (a) to continue
continuo continuous, constant
conto bill, check, account; rendersi conto to realize; tener conto di to take into account; per conto mio (suo, etc.) by myself (himself, etc.)
contrada district, zone
contrariamente contrarily; contrary
contrario contrary, opposite; non avere nulla in contrario to have no objections
contrastare to contrast
contrasto contrast
contribuire to contribute
contributo contribution
contro against
controllare to control
controllo control
controllore m. conductor
Controriforma Counter Reformation
convenire to be to someone's advantage, to pay, to be fitting, to suit
convenzione f. convention
conversare to converse
conversazione f. conversation
conviene (pres. ind. of convenire): Le conviene prendere un tassì it pays you to get a taxi
copernicano Copernican
coperto (past part. of coprire) (di) covered (with)
copia copy, number
cor(e) (poetic for cuore) m. heart
corallo coral
cordiale cordial
Corelli, Arcangelo (1653–1716) Italian composer
corno (pl. le corna) horn
corporazione f. corporation, guild
Corpus Domini m. Corpus Christi, a religious holiday in late spring
corrente f. current, trend
correntemente fluently
correre to run, to speed
corridoio corridor, aisle
corriere m. courier
corrispondere to correspond
corsa race; fare una corsa to run a race, also to go for a fast drive; corsa su strada road race; corsa in

pista track race; di gran corsa at full speed, as fast as they can run
corso course; corso di perfezionamento advanced course
corte f. court
corteo procession, parade
corto short
cortometraggio documentary, short film
cosa thing; qualche cosa something; cosa? what?
coscienza conscience
così so, thus; this way; così! like that! for no special reason!
cosicché so that
cosiddetto so-called
cospicuo conspicuous
costa coast; slope
Costantino (emperor) Constantine (288–337)
Costantinopoli f. Constantinople
costare to cost
costituire to constitute
costituzionale constitutional
costo cost
costruire to build
costruzione f. construction
costume m. costume, custom
cotechino a variety of spiced sausage
cravatta necktie
creare to create
creazione f. creation, invention
credere to believe, to think; se crede if it's all right with you
crescere to grow
cristallo crystal
cristianesimo Christendom, Christianity
cristiano Christian; precristiano pre-Christian
Cristo Christ
Cristoforo Colombo Christopher Columbus
croce f. cross
crociata crusade
cubismo cubism, a style of art
cucina kitchen; cooking, cuisine
cucire to sew; macchina da cucire sewing machine
cugina f. cousin

cui which, whom; *def. art. plus* cui whose
culla cradle
culto cult
cultura culture
culturale cultural
culturalmente culturally
cuọio leather
cuọre *m.* heart
cupola dome
curiosità curiosity; mi lẹvi una curiosità satisfy my curiosity
curioso curious
curva curve

D

da from, by, to, for, since; with; at *or* to the house (office, shop, place, *etc.*) of
dà (*pres. ind. of* dare) gives; dà su ... faces...
Dafne *f.* Daphne
dagli = da + gli
dai = da + i
dal = da + il
dall' = da + l'
dalla = da + la
dalle = da + le
dallo = da + lo
danno (*pres. ind. of* dare) give
Dante Alighiẹri (1265–1321) *the greatest Italian poet;* dantesco dantesque
dantista *m.* Dante Scholar
dappertutto everywhere
dapprima at first
dare to give; dare del Lẹi to address as "Lẹi"; dare del tu to address as "tu"; darsi la mano to shake hands, to meet; dare su to face
daremo (*fut. of* dare) we shall give
dato given; dato che since
davanti (a) before, in front (of)
Dạvid *m.* David (*a famous statue by Michelangelo*)
davvero really, indeed
Decamerone *m.* Decameron
decantare to praise to the sky
decẹnnio decade
decịdere to decide
decise (*past abs. of* decịdere) decided
decisivo decisive

deciso (*past part. of* decịdere) decided
dedicare to dedicate, to devote
definire to define, to call
definitivamente definitely
degli = di + gli
degnamente worthily
degno worthy
dei = di + i
del = di + il
delizioso delicious
dell' = di + l'
della = di + la
Della Rọbbia, Andrẹa (1435–1525), Luca (1400–1482) *Italian sculptors*
delle = di + le
dello = di + lo
democrạtico democratic
denaro money
dentro inside, within
derivare to derive
Deruta *a town in central Italy noted for its ceramics*
descrịvere to describe
desẹrto deserted; *n.* desert
desiderare to wish
desidẹrio desire
destare to awaken; dẹstala! awaken her!
destinazione *f.* destination
destino destiny, fate
dẹstro: a dẹstra to the right
determinare to determine
dettạglio detail
dẹttero (*past abs. of* dare) gave
detto (*past part. of* dire) said, told, called; *n.* saying
dẹve (*pres. ind. of* dovere) must
devẹn = divięne (*pres. ind. of* divenire) becomes
dẹvo (*pres. ind. of* dovere) I must
dẹvono (*pres. ind. of* dovere) must; owe
di of, from, than, about, by, in; di + *def. art.* some, any
dia (*pres. subj. of* dare) give
dialẹtto dialect
diamo (*pres. ind. of* dare) we give
dica (*pres. sub. of* dire) tell, say
dice (*pres. ind. of* dire) says, tells; come si dice? how do you say?

dicęndo *(gerund of* **dire)** saying; **va dicęndo** says, keeps on saying
diceva *(imp. ind. of* **dire)** used to say
dicevo *(imp. ind. of* **dire)** I was saying
diciannǫve nineteen
diciannovęnne nineteen years old
diciannovęsimo nineteenth
diciassętte seventeenth
diciassettęsimo seventeenth
diciottęsimo eighteenth
dicono *(pres. ind. of* **dire)** say, tell
dięci ten
diecina about ten; **una diecina di giorni** about ten days
diędero *(past abs. of* **dare)** gave
diętro (a) behind, after
difese *(past abs. of* **difęndere)** defended
difętto defect
differęnte different
differęnza difference
differire to differ
diffįcile difficult, hard
diffusione *f.* diffusion
diffuso diffused, spread out; popular
dilettante *m.* amateur
dilettare to please
dimenticare (di) to forget
diminuire to diminish
dimostrare to indicate
dinamo *f.* dynamo
dintorni *m.pl.* surroundings
Dionįsio Dionysos, *ancient God of wine and drama*
dipęndere to depend
dipingere to paint
dipinto *(past part. of* **dipingere)** painted
diplǫma *m.* degree; **diplǫma di maturità** "certificate of maturity", *a certificate required for admission to the University*
diramarsi to extend, to stretch
dire to say, to tell; **volere dire** to mean; **come si dice?** how does one say?; **cosa dire?** what can one say?; **può dirsi** can be considered
direttamente directly
dirętto directed; who is going; straight
direttore *m.* director
direzione *f.* direction; leadership

dirįgere to direct
diritto straight
discęndere to descend
discutere to discuss
disegno drawing
dispętto spite; **a dispętto di** in spite of
dispiạccia *(pres. subj. of* **dispiacere)** mind, are sorry
dispiacere to be sorry; **mi dispiace** I'm sorry; **ti dispiace?** do you mind?
distanza distance
distinguere to distinguish, to single out
distribuire to distribute; to arrange
distrutto *(past part. of* **distruggere)** destroyed
disturbare to disturb, to bother
ditta, firm, factory
diva movie star *(woman)*
divenne *(past part. of* **divenire)** became
diventare to become
divęrso different; *pl.* several
divertęnte amusing, enjoyable
divertimento amusement
divertirsi to enjoy oneself, to have a good time
dividere to divide
divięn = divięne *(pres. ind. of* **divenire)** becomes
divino divine
divisione *f.* division
diviso *(past part. of* **dividere)** divided
divorare to devour
dizionạrio dictionary
dobbiamo *(pres. ind. of* **dovere)** we must; we owe
dǫccia shower; **fare la dǫccia** to take a shower
documentạrio documentary
dodecafǫnico dodecaphonic, twelve tone
dogana customs
doganale of the customs
Dǫge *m.* Doge, *title of the head of the old Venetian republic*
dolce sweet, gentle
dolcezza sweetness
dǫllaro dollar
domandare (a) to ask

domani tomorrow; domani l'altro day after tomorrow

domenica Sunday; la domenica on Sundays

domenicale of Sunday; svago domenicale Sunday amusement

domenicano Dominican

domestico domestic

dominare to dominate, to rule

dominazione f. rule, domination

dominio rule, domination

Don Mr., sir; Don Giovanni Don Juan; sentilo, il Don Giovanni! listen to this Don Juan!

Donatello (1386–1466) *Florentine sculptor*

Donizetti, Gaetano (1789–1848) *famous composer of such operas as "Lucia di Lammermoor," "La Favorita," and others*

donna woman, lady

dopo after, afterwards; poco dopo a little later

dopoguerra m. postwar period

dorato gilt

dormire to sleep

dotato gifted

dote f. gift, talent

dottore m. doctor

dove where; di dove è Lei? where are you from?

dovere to have to, must; to be supposed to; to owe

dovrà (fut. of dovere) will have to

dovrai (fut. of dovere) you will have to

dovranno (fut. of dovere) will have to

dovrei (cond. of dovere) I should, I ought to

dovresti (cond. of dovere) you should

dovrò (fut. of dovere) I shall have to

dozzina dozen

dramma m. drama, play

drammatico dramatic

dubbio doubt

ducato duchy

Duccio (1255–1319) *Sienese painter*

due two

dunque then, so

duomo cathedral

durante during

durare to last

durata duration

duraturo lasting

E

e, ed and

è (pres. ind. of essere) is

ebbe (past abs. of avere) had

ebbero (past abs. of avere) had

ebbi (past abs. of avere) I had

ecc. (eccetera) etc.

eccellente excellent

eccellenza excellence

eccelso (past part. of eccellere) excelled

eccetto except

eccezionale exceptional

eccezione f. exception

ecco here is, here are, there is, there are; eccoci! here we are!; eccola! here it is!; eccomi! here I am!

economia economics

economicamente economically

economico economical

edicola (dei giornali) newsstand

edificio building

edizione f. edition

educazione f. education, training

effetto effect; belonging

effusione f. effusion, warmth

egli he

egregio dear (formal form of address in correspondence)

eguagliare to equal

Elba island off coast of Tuscany

elegante elegant

elementare elementary

elemento element

elenco list

eletto elected

elettricità electricity

elettrico electric

elicottero helicopter

Elio proper name

ella she

Emilia a region in northern Italy; Via Emilia a road originally built by the Romans

energia energy

enorme enormous

Enrico Henry

ęnte *m.* group, organization
entrambi both
entrare (in) to enter; che c'entra? what does that have to do with it?
entrata entrance; admission
entusiasmare to enthuse, to thrill
entusiasta *m.* and *f.* enthusiast
ępico epic
epidemia epidemic
episǫdio episode
ępoca epoch, period
equęstre equestrian
ęra *(imp. ind. of ęssere)* was, were; *n.* era
ęrano *(imp. ind. of ęssere)* were
Ercolano *f.* Herculaneum *(a Roman city near Naples, destroyed by an eruption of Vesuvius in 79 A.D.)*
eredità heredity, inheritance
ereditare to inherit
eremita *m.* hermit
errare to be wrong, to err
esame *m.* examination; dare un esame to take an exam
esatto exact, fitting
esaurito sold out
ęsce *(pres. ind. of uscire)* leaves; leave
esclamare to exclaim
esclusivamente exclusively
escursione *f.* excursion
Esędra: Fontana dell'Esędra *a very large circular fountain in Rome*
esęmpio example
esercitare to practice
esęrcito army
esiguo exiguous, small
esistere to exist
espansione *f.* expansion
esperięnza experience
esperimento experiment
esponęnte *m.* exponent
esportare to export
espressione *f.* expression phrase
espressivo expressive
esprimere to express
essa it, she
esse *f.pl.* they, them
essenzialmente essentially, mainly
ęssere to be
essi they, them

esso it, he
ęst *m.* east
ęstasi *f.* extasis, trance
estate *f.* summer
Ęste *family name of an ancient noble family;* Villa d'Ęste *a lovely villa with gardens and fountains near Rome*
estęrno exterior; dall'estęrno from the outside
ęstero foreign; all'ęstero abroad
estese *(past abs. of estęndere)* spread
estętica aesthetics
estivo of the summer
estremamente extremely
età age
Ętna *m.* Aetna *(large volcano in Sicily)*
ętnico ethnical
etrusco Etruscan *(ancient inhabitant of central Italy)*
Eugęnio Eugene
Eurǫpa Europe
europęo European
Evangelista *man's given name*
evęnto event
evidentemente evidently
evoluzione *f.* evolution

F

fa ago; *(pres. ind. of fare)* does, makes
fabbrica factory
fabbricare to build
facchino porter
faccia face; *(pres. subj. of fare)* do, make
facciamo *(pres. ind. of fare)* we do, make
facciano *(pres. subj. of fare)* do, make
facciata façade, front
facęndo *(gerund of fare)* doing, making
facęssero *(imp. subj. of fare)* did
facęvano *(imp. ind. of fare)* did, made; played *(a game)*
facile easy
facilitare to make easy, to facilitate
facilmente easily
facoltà faculty
Faęnza *a city in northern Italy, noted for its majolica and ceramics*

fai *(pres. ind. of* **fare***)* you do, make

falegname *m.* carpenter

fame *f.* hunger; **avere fame** to be hungry

famiglia family

famoso famous

fanciulla girl, young woman

fanno *(pres. ind. of* **fare***)* they do, make

fantasia fantasy

fantastico fantastic

fantino jockey

fare to do, to make, to let; **fare delle domande** to ask questions; **fare il falegname (meccanico,** *etc.)* to be a carpenter (mechanic, *etc.*); **fare pensare** to remind one; **fare vedere** to show; **ho trovato da fare** I found something to do; **fare** *or* **farsi fare** to have made; **farsi** to become; **come fa a saperlo?** how can you tell?; **come si fa per andarci** how one goes there; **come si fa?** what can one do?

faremo *(fut. of* **fare***)* we shall do, we shall make

fascino fascination, charm

fascismo fascism

fascista fascist

fase *f.* phase

fatto *(past part. of* **fare***)* done, made; *n.* fact, deed

fattoria farm, farmhouse

favore *m.* favor; **per favore** please; **a favore di** in favor of

favorito favorite; **La Favorita** *a park with a lovely palace in Palermo*

fece *(past abs. of* **fare***)* did, made

fecero *(past abs. of* **fare***)* did, made

feci *(past abs. of* **fare***)* I did, I made

fede *f.* faith

fedele *m.* faithful

Federico Frederick

felice happy, gay

femminile feminine, female

Fenicio *m.* Phoenician

fenomeno phenomenon

fermarsi to stop, stop over

fermata stop

fermento ferment, effervescence

Ferragosto *Italian middle-of-August vacation period*

Ferrara *a city in Northern Italy*

Ferrari *f. an Italian automobile*

ferrovia railroad

ferroviario of the railroad; **servizio ferroviario** railroad service

fertile fertile

fertilità fertility

festa festival; holiday; **è festa** it is a holiday; **a festa** festively

festivo festive, of holidays

festoso festive, gay

feudale feudal

fiammingo Flemish

fiasco flask, bottle

Fiat *f. an Italian automobile*

fico fig

fieno hay

fiera fair; **Fiera Campionaria Internazionale** *International Industrial Fair (of Milan)*

Fiesole *f. a town overlooking Florence*

figlio son

figura figure

fila row

filo wire; **senza fili** wireless

filobus *m.* trackless trolley

filosofia philosophy

filosofico philosophical

finalmente finally

finchè as long as

fine *f.* end

finestra window

finestrino window *(of train, airplane)*

finire to finish; to use up; **finire per** to end up by

fino (a) as far as, until

finora until now

fiore *m.* flower, blossom; **Santa Maria del Fiore** *the Cathedral of Florence*

fiorente flourishing

fiorentino Florentine; **alla fiorentina** Florentine style

fiorire to flourish

Firenze *f.* Florence *(principal city of Tuscany; cradle of Italian Renaissance)*

firmare to sign

fischio whistle

fisica physics

fisico *adj.* physical; *n.* physicist

fissato fixed

fiume *m.* river

Flaminia Flaminian Way (*a road originally built by the Romans*)

folla crowd

fondamentale fundamental, basic

fondare to found

fondazione *f.* foundation

fondo background, makeup; **in fondo** in the background

fontana fountain

fonte *f.* source

forma shape

formaggio cheese

formalità formality

formare to form

formicolare (**di**) to teem, to overflow (with)

fornito endowed

foro forum

forse perhaps

forte strong; loud; aloud

Forte dei Marmi *f. a seaside resort on the Tyrrhenian sea*

fortuna fortune, luck

fortunatamente fortunately, luckily

forza strength, force, might

fosse (*imp. subj. of* essere) was

fotografia photograph

fra within, between, among

francamente frankly

Francesca Frances

Francesco Francis

francese French

Francia France

Frascati *f. a town on hills south of Rome*

frase *f* phrase

frate *m.* monk

fratello brother

frattempo: **nel frattempo** in the meantime, meanwhile

frattura break

freddo cold, cold weather; **fare freddo** to be cold

frequentare to attend

frequente frequent

fresco cool, fresh; **fare fresco** to be cool; **di fresco** freshly, recently

fretta haste; **avere fretta** to be in a hurry

fritto (*past. part. of* friggere) fried

frutto (*p.* la *or* le frutta) fruit

fu (*past abs. of* essere) was, were

fuga fugue; flight

fuggire to flee

Fulvio *proper name*

fumare to smoke

fungo mushroom

Funiculí-Funiculà *title of a popular Neapolitan song, from* funicolare funicular, *a cable car that used to go up Mount Vesuvius*

funzione *f.* function; **avere la funzione di** to correspond

fuoco fire; **dare fuoco** to set fire; **fuoco artificiale** *or* **fuoco d'artificio** firework

fuori outside, out

furioso furious, mad

furono (*past abs. of* essere) were

fuso (*past part. of* fondere) fused, blended

futurismo futurism, *a style of art*

G

gabbia cage

Galilei, Galileo (1564–1642) *Italian scientist*

Galla Placidia (d. 410) *daughter of emperor Theodosius the Great*

galleria gallery, arcade; tunnel

Gallo Gaul (*inhabitant of ancient Gaul*)

Galuppi, Baldassarre (1706–1785) *Italian composer*

galvanismo galvanism

galvanizzare to galvanize

gara contest, competition

Garda: **Lago di Garda** Lake Garda (*in northern Italy*)

Garibaldi, Giuseppe (1807–1882) *Italian patriot*

Garisenda *one of leaning towers of Bologna*

gastronomico gastronomic

gazzetta gazette

gelato ice cream

generale general

generalmente generally

genere *m.* kind, type; genre

genio genius

genitore *m.* parent

Gęnova Genoa (an Italian city; largest seaport in Italy)

gęnte f. people

gentile kind, polite; trǫppo gentile! you're too kind!

gentilezza kindness, courtesy

Genzano f. a town a few miles south of Rome

geografia geography

geogrąfico geographic

geomętrico geometric

Germąnia Germany

Gerusalęmme f. Jerusalem

gesticolare to gesticulate

Gesú Jesus

gettare to throw; to spout

già already; già! that's right, of course!

giacché since

Giącomo James

giardino garden; giardino dei Bǫboli a park connected with the Pitti Palace in Florence

gigantesco gigantic

ginęstra broom plant

ginnąsio Italian secondary school

ginnąstica gymnastics

ginǫcchio (pl. le ginǫcchia) knee

giocare to play

giocatore m. player

giǫco play, game; campo di giǫco playing field

gioięllo jewel

Giǫrgio George

giornale m. newspaper

giornalista m. journalist, newspaperman

giornata day (descriptive)

giorno day; buǫn giorno good morning; tutti i giorni every day; giorno di fęsta holiday; una vǫlta al giorno once a day; ai nǫstri giorni today

giǫstra joust

Giosuę Joshua

Giǫtto (1276–1337) great Florentine painter and architect

giǫvane adj. young; m. youth, young man

giovanile youthful

Giovanni John; Pǫrta San Giovanni an ancient Roman city gate

giovanǫtto young man

giovedí m. Thursday

gioviale jovial, cheerful

giraffa giraffe

girare to go about; to tour; to turn; to shoot (a film)

giro tour; fare un giro to take a walk, a stroll; in giro a around; nel giro di within

gita excursion, outing

giú down, downstairs

giugno June

giunto (past part. of giungere) arrived

giurisdizione f. jurisdiction, control

Giusęppe Joseph

giusto just, correct

gli (pl. of lo) the; pron. to him

glǫria glory

glorioso glorious

godere (di) to enjoy

Goldoni, Carlo (1707–1793) Italian playwright

golfo gulf, bay

gǫndola gondola

gǫtico Gothic

governare to govern, to rule

govęrno government

gradire to appreciate

gradito pleasant, welcome

grado degree; non mi sęnto in grado di I do not feel qualified to, I do not feel I can

gran form of grande

grande adj. large, great, big; grand; n. great man

grandezza size; greatness

grandioso grandiose, imposing

grattacięlo skyscraper

gratuito gratis, free

grave adj. grave, serious; m. body

grązie thanks, thank you; grązie di tutto thanks for everything; tante grązie many thanks

grazioso pretty, lovely

Gręcia Greece

gręco Greek

gremito (di) crowded (with)

grigio gray

grillo cricket

grǫsso large, thick

grǫtta grotto
gruppo group
guanto glove; **in guanti bianchi** wearing white gloves
guardare to look, to look at; **guardi che . . . be careful . . .**
guardia guard, officer, official
Gубbio *f. a town in central Italy near Perugia*
guęrra war; **guęrra mondiale** world war
guglia spire
Guglięmo William
guida guide, guide book
gusto taste

H

ha *(pres. ind. of* **avere)** has, have
hai *(pres. ind. of* **avere)** you have
hanno *(pres. ind. of* **avere)** have
hǫ *(pres. ind. of* **avere)** I have

I

i the
idęa idea
ideale ideal
ideare to conceive, to invent
idęntico identical
ięri yesterday; **ięri l'altro** the other day day before yesterday; **ięri sera** last night
il the
illuminare to illuminate, to light up
illuminazione *f.* illumination, lighting
illuminismo illuminism
illustrare to illustrate
illustrato illustrated
illustrazione *f.* illustration
imbottito **(di)** stuffed (with)
imitare to imitate
immaginare **(di)** *or* **immaginarsi (di)** to imagine
immagine *f.* image
immediatamente immediately, at once
immęnso immense
imminęnte imminent
imparare to learn
impazientemente impatiently
imperiale imperial
impermeabile *m.* raincoat

impęro empire
įmpeto impetus
impiegato clerk, employee
imponęnte imposing
importante important, main
importanza importance
importare to matter; to import
impossibile impossible
impossibilità impossibility
impressione *f.* impression
impronta impression, mark
improvvisamente suddenly
improvvisare to improvise
impulso impetus
in in, into, on, within, at, to, during
inaccessibile inaccessible
inaspettato unexpected
incancellabile indelible
incantęvole charming, enchanting
incendiare to set fire to
inclinazione *f.* inclination
incominciare to begin, to start
incomparabile incomparable
incontrare to meet; **dove c'incontriamo?** where shall we meet?
incontro meeting
incoraggiante encouraging
incredibile incredible
incrǫcio crossroads
incrostare to encrust
incuriosito having become curious
indicare to indicate, to point out; to suggest
indicazione *f.* information, explanation; direction
indiętro back; **avanti e indiętro** back and forth
indimenticabile unforgettable
indipendęnte independent
indipendentemente independently
indipendęnza independence
indirettamente indirectly
indirizzo address
individuo individual
indossare to wear
industria industry
inęrme harmless
infatti in fact
infęrno hell

infilare to enter (*lit.* to thread); to slip on
infiorato decorated with flowers; Infiorata flower decoration (*for the festival at Genzano*)
influire (su) to influence
influsso influence
infondere to infuse
informazione *f.* information; delle informazioni some information
ingegneria engineering
ingenuamente naively, candidly
inglese *adj.* English; *m.* Englishman
iniziare to begin
iniziativa initiative
inizio beginning
innegabile undeniable
innumerevole countless
inoltre furthermore
insalata salad
insegnamento teaching
insegnare to teach
insieme together
insigne distinguished
insomma in short
intendere to intend, to plan; to understand; intendersene to be a good judge (*of something*), to be able to tell; s'intende of course
intensità intensity
intenzione *f.* intention
interessante interesting
interessare to interest
interesse *m.* interest
internazionale international
interno interior; all'interno in the interior, inland
intero entire, whole; per intero completely
interrompere to interrupt
interrotto (*past part. of* interrompere) interrupted, broken
interruzione *f.* interruption
intimo intimate, innermost
intitolato titled
intorno around
inutile useless; inutile dire it is useless to say
invasione *f.* invasion
invaso (*past. part. of* invadere) invaded

invasore *m.* invader
invecchiare to grow old; s'invecchia one grows old
invece instead, on the other hand
inventare to invent
inventivo inventive
inventore *m.* inventor
invenzione *f.* invention
invernale of the winter
inverno winter
investire to hit (*with a vehicle*)
invetriato vitreous
invitare to invite
io I
Ionio Ionian (*sea*)
ippica horse racing
ippodromo horse racing track
irresistibilmente irresistibly
Ischia *small island near Naples*
iscriversi to register, to go, to attend
iscrizione *f.* inscription
isola island, isle
isolotto small island
ispezione *f.* inspection
ispirare to inspire; ispirarsi a to be inspired by
ispirazione *f.* inspiration
Istituto Magistrale, Normal School; Istituto Tecnico an *Italian secondary school*
istituzione *f.* institution
istruzione *f.* instruction, education
Italia Italy
italianizzarsi to become Italianized
italiano Italian; all'italiana Italian style
italico Italic, Italian
itinerario itinerary

L

l' the; *pron.* him, her, it, you
la the; *pron;* her, it, you
là there; al di là beyond; più in là farther out
labbia (*poetic*) countenance
ladro thief
laggiù down there, out there
lago lake
laguna lagoon
lana wool; Palazzo della Lana an an-

cient palace in Florence, originally
the home of the Wool Guild
Lancia an Italian automobile
lanciare to launch
lapide f. plaque
larghezza width
largo wide
lasciare to leave
latino Latin
lato side; da un lato on one side
latte m. milk
laudare (poetic) = lodare to praise
laude f. hymn
laurea diploma
laurearsi to graduate (from a university)
lavorare to work
lavoratore m. worker
lavorazione f. workmanship
lavoro work; mettersi al lavoro to start
working
Lazio Latium (region in central Italy)
le the; pron. them; you; to her; to you
legame m. bond
legare to tie, to bind
legge f. law
leggenda legend
leggere to read
leggero light; gentle
legume m. vegetable
lei she, her; Lei you; dare del Lei to
address as "Lei"
lentamente slowly
lento slow; lento (musical term)
Leonardo da Vinci (1452–1519) well-
known artist and scientist of the
Renaissance
Leopardi, Giacomo (1798–1837) Italian lyric poet
lesse (past abs. of leggere) read
lettera letter
letterario literary
letteratura literature
letto (past part. of leggere) read; n.
bed
lettore m. reader
lettura reading; sala di lettura reading room
Levante m. Levant, Near East
levare to remove

lezione f. lesson, class
li them; you; also = gli
lí there; lí vicino near there
liberare to free, to deliver
liberazione f. liberation
libero free
libertà freedom
libreria bookstore
libretto booklet, libretto (of opera)
libro book
Liceo an advanced secondary school
lido beach; Lido small island in Venice with large beach
lieve gentle, slight
Ligure m. Ligurian (ancient inhabitant of northern Italy)
Liguria a region in northern Italy
limitare to limit, to confine
limone m. lemon, lemon tree
Lincei: Accademia dei Lincei an academy in Rome
lingua language, tongue; lingua toscana in bocca romana lit. the Tuscan language in the Roman mouth
(namely, the perfect Italian is the
Tuscan dialect spoken with a Roman pronunciation)
linguaggio language
linguistico linguistic
lirico lyric
livello level
Livorno f. Leghorn (a seaport in Tuscany)
livrea costume
lo the; pron. him, it
locale local
località locality
localmente locally
locandiera innkeeper
logicamente logically
Lombardia Lombardy (a region in
northern Italy)
longobardo Longobard
lontananza distance; in lontananza in
the distance
lontano far, far away
Lorenzetti Ambrogio (1305–1348),
Pietro (1319–1348) Sienese painters
Lorenzo Lawrence
loro pers. pron. they, them, to them;

themselves; you, to you; *poss. adj.*
or *pron.* their, theirs, yours
lotta struggle
luce *f.* light
Lucia Lucy; Santa Lucia *a section of
Naples*
lucido clear
Ludovico Ludwig
luglio July
Luigi Louis
Luisa Louise
luna moon
lunedí *m.* Monday
Lungarno *name given to streets along
the Arno river*
lungo long; along; a lungo at length;
a long time
luogo place; avere luogo to take place,
to occur
lusso luxury
lussureggiante luxuriant

M

ma but, however
macchia spot
macchina machine, automobile; macchina da corsa racing car
Madonna Virgin Mary
madre *f.* mother
madreperla mother-of-pearl
madrigale *m.* madrigal
maestoso majestic
maestro teacher; maestro
magari perhaps even; magari! I only
wish it!
maggio May; Maggio Musicale May
Music Festival *(in Florence)*
maggiore major, larger, largest; Lago
Maggiore Lake Maggiore *(in northern Italy)*
magnifico magnificent
magro lean, thin, slender
mai never, ever
male bad, badly; meno male it's a
good thing
malgrado despite, notwithstanding
mancare (di) to lack, to be missing; to
fail
mandare to send
mandorlo almond tree

mangiare to eat
manifestare to manifest, to show
manifestazione *f.* manifestation
mano *f.* hand; fare a mano to make
by hand; darsi la mano to shake
hands, to meet
mantenere to keep, to maintain
mantengo *(pres. ind. of* mantenere) I
keep, I maintain
Manzoni, Alessandro (1775–1873) Italian novelist
Manzú, Giacomo (1908–) *Italian sculptor*
marca make, brand
Marcello *proper name;* Marcus Claudius Marcellus (42 B.C.–23 B.C.)
Marche *f.pl.* Marches *(a region in central Italy)*
marciapiede *m.* sidewalk
Marco Mark; Piazza San Marco *the
largest and most beautiful square in
Venice*
mare *m.* sea
maremoto tidal wave *(submarine earthquake)*
Maria Mary
marina waterfront
Marina *proper name*
marinaio sailor, seaman
marinaro maritime
Marini, Marino (1901–1966) *Italian
sculptor*
marinismo *a literary term for the style
of Marino*
Marino *f. town south of Rome*
Marino, Giovan Battista (1569–1625)
Italian poet
marito husband
marittimo seafaring, maritime
marmellata marmalade, jam
marmo marble
Marsala *a town on western tip of
Sicily*
Marte *m.* Mars
Martini, Simone (1283–1344) *Sienese
painter*
Masaccio (1401–1428) *Florentine
painter*
Mascagni, Piętro (1863–1945) *composer, author of "Cavalleria Rusticana"*

maschera mask; usher, usherette
maschile masculine, male
Maserati *f. an Italian racing car*
massimo greatest, very great; **Teatro
Massimo** *a theatre in Palermo*
masso monolith
matematica mathematics
matematico mathematical
materia subject *(school);* matter
materno maternal
mattina morning; **di mattina** in the
morning
maturo ripe
mausoleo mausoleum
me me, to me
meccanico mechanic
mecenate *m.* patron
medicina medicine
medico doctor, physician
medio medium, average
mediocre mediocre
medioevale Medieval
Medioevo Middle Ages
Mediterraneo Mediterranean *(sea)*
meglio better, best; **sarà meglio** it's a
good idea
melodramma *m.* opera *(lit. "musical
drama")*
melone *m.* melon
memoria memory; **imparare a memoria** to memorize
meno less; **di meno** less; **non può fare
a meno di notare** cannot help no-
ticing; **per lo meno** at least
mentale mental
mente *f.* mind; **venire in mente** to
think, to remember; **come Le viene
in mente?** how do you happen to
think? what makes you think?
mentre while
meraviglia surprise, amazement; mar-
vel
meravigliato struck, amazed
meraviglioso wonderful, marvelous
mercato market
meridionale southern, of the south
meritare to deserve
merletto lace, lacework
mese *m.* month
messa mass

Messina *seaport in Sicily, which gives
name to the strait between Sicily and
Italy*
messo *(past part. of* **mettere***)* put,
placed
mestiere *m.* trade
metà middle; half
metafisico metaphysical
metodo method
metro meter *(39.37 inches)*
metropoli *f.* metropolis
Metropolitana subway
mettere to put, to place; **mettersi** to
put on *(clothes);* **mettersi a** to start;
mettersi a sedere to sit down
mezzo half, middle; **per mezzo di** by
means of
mezzogiorno noon; **mezzogiorno e
mezzo** 12.30 p.m.
mi me, to me, myself
mica at all
Michelangelo Buonarroti (1475–1564)
great artist of the Renaissance
Michelino *Florentine painter of the
15th century*
micidiale murderous, deadly
microscopio microscope
miei *(pl. of* **mio***)* my, mine
migliaio *(pl.* **le migliaia***)* (about) one
thousand
miglio *(pl.* **le miglia***)* mile
migliorare to improve, to better
migliore better, best
milanese from Milan; **alla milanese**
Milanese style
Milano *f.* Milan *(a large city in northern Italy)*
milione *m.* million
militare military
mille one thousand; **I Mille** *the thousand soldiers with whom Garibaldi
landed in Sicily*
millefoglie *m. a cake (lit. "one thousand layers")*
minaccioso threatening
minerale mineral
ministero ministry
minore minor
minuto minute
mio my, mine

miracol = miracolo
miracolo miracle
mirare to look, to look at, to see
miscuglio mixture
mistero mystery
misura measure; fare su misura to make to order
mite mild, gentle
mobile *m.* piece of furniture
moda fashion; di moda fashionable
modello model
Modena *a city in the Po valley*
moderno modern
modesto modest
Modigliani, Amedeo (1884–1920) *Italian painter*
modo manner; di modo che so that; in ogni modo at any rate; in modo speciale particularly; in modo da in such a way as to
moglie *f.* wife
Molise *m. a region in central Italy*
mollusco mollusk
molo wharf, pier
moltiplicare to multiply
molto *adj.* much; *adv.* very, very much, a great deal
momento moment
monarchia monarchy
monastero monastery, convent
mondano social
mondiale of the world
mondo world; in tutto il mondo the world over; al mondo in the world
moneta coin
monodico monodic, *sung by a single voice*
monotono monotonous
Monreale *f. a suburb of Palermo*
montagna mountain; in montagna in *(or* to) the mountains
montare to climb, to get on, to go aboard
monte *m.* mountain
Montereggioni *f. a small Medieval walled town near Siena*
Monteverdi, Claudio (1567–1643) *Italian composer*
montuoso mountainous
monumentale monumental

monumento monument
morale moral
moralità morality
Morandi, Giorgio (1890–1964) *Italian painter*
morire to die
mortadella *a variety of Italian salami*
mortale mortal
morte *f.* death
mosaico mosaic
moschea mosque
Mosè *m.* Moses, *a sculpture by Michelangelo*
mostra display; mettere in mostra to display
mostrare to show
mostrasi *(poetic)* = si mostra
moto motion
motocicletta motorcycle; in motocicletta on a motorcycle
motore *m.* engine
motto motto
mova = muova
movimento movement, traffic
municipale municipal, of the city
muova *(pres. subj. of* muovere) moves, moves forth
Murano *f. an island near Venice famous for its crystal and blown glass*
muratore *m.* mason
museo museum
musica da camera chamber music
musicale musical
musicare to set to music
musicista *m. and f.* musician
muto mute, silent, speechless

N

nacque *(past abs. of* nascere) was born; you were born
Nanda *proper name*
napoletano Neapolitan
Napoli *f.* Naples *(the largest seaport of southern Italy)*
narrare to narrate, to tell
nascita birth; di nascita by birth
Natale *m.* Christmas
nato *(past part. of* nascere) born
natura nature
naturale natural

naturalmente naturally
navata nave
Navona: Piazza Navona *a large square in Rome, famous for its three striking fountains*
nazionale national
nazionalità nationality
nazione *f.* nation
ne of it (him, her, them); some *or* any (of it, of them)
né ... né neither ... nor
negativo negative
negli = in + gli
negozio store, shop
Negri, Ada (1870–1945) *Italian writer*
nei = in + i
nell' = in + l'
nella = in + la
nelle = in + le
nello = in + lo
nemico enemy
nemmeno not even
neoclassicismo neo-classicism
neoclassico neo-classic
neorealismo neo-realism
Neri, San Filippo (1515–1595) *a priest, founder of the Congregation of the Oratory*
nero black
nessuno *adj.* no, not any; *pron.* no one, nobody
neve *f.* snow
Niccolò Nicholas; Nicola Nicholas
niente nothing, anything
no no; ma no of course not!
nobile noble
nodo knot; fare il nodo to knot
noioso boring
nol *(poetic)* = non lo
nome *n.* name; a nome di in the name of; fare il nome to mention
non not
nondimeno nonetheless
nono ninth
nord *m.* north
norma norm
normanno Norman
nostro our, ours
notare to note
notizia news; notize tue news from you

noto known, noted; il più noto the best known
notte *f.* night
notturno nocturnal
nove nine
Novecento twentieth century
novella short story
'ntender = intendere
nulla nothing, anything
numero number
numeroso numerous, various
nuotare to swim; *n.* swimming
nuovo new; di nuovo again, once again
nutrire to nourish, to feel
nuvola cloud; si era coperto di nuvole had become overcast

O

o or; o ... o either ... or
'o the *(in Neapolitan dialect)*
obbligato obliged, compelled
oca goose
occasione *f.* opportunity, occasion
occhio eye; colpo d'occhio view, sight
occidentale western
occidente *m.* west
occupare to occupy
occupato occupied, taken, busy
odierno of today, present
offrire to offer, to present
oggetto object, article
oggi today; tutt'oggi even today
ogni each, every
Olanda Holland
olivo olive tree
oltre beyond; further; oltre a besides
oltrepassare to surpass
ombra shadow, shade
ombrello umbrella; a ombrello umbrella-shaped; ombrellone *m.* beach umbrella
omettere to omit
omogeneo homogeneous
omonimo homonymous, of the same name
onesto honest; modest
onore *m.* honor
opera work; opera; per opera di through

operistico operatic
operosità activity
opposizione f. opposition
oppure or, or else
ora adv. now; per ora for the present
ora n. hour; non vedo l'ora di I can
  hardly wait to; a che ora? at what
  time? che ore sono? what time is it?
orario timetable
oratorio oratorio
orbita sphere, domain
orchestra orchestra
ordinamento order
oretta: in (per) un'oretta in (for)
  about an hour
Orfeo Orpheus
organista m. and f. organist
organizzazione f. organization
orgoglio pride
orientale eastern; oriental
orientamento orientation
oriente m. orient, east; vicino oriente
  near eastern; il Vicino Oriente the
  Near East
originale original
originare to originate
origine f. origin
orizzonte m. horizon
Orlando Roland
ormai now, by now
orologio watch, clock
ortodosso Orthodox (Greek church)
Orvieto f. a city in central Italy
oscillazione f. oscillation, swinging
oscurità darkness
ospitalità hospitality
ospitare to sponsor
osservare to observe
ossia namely
oste m. innkeeper
Ostia a beach town near Rome; Ostia
  Antica an ancient Roman city a
  short distance from the modern
  town
ostrogoto Ostrogoth
ottenne (past abs. of ottenere) ob-
  tained, had
ottimismo optimism
ottimo excellent
otto eight

ottobre m. October
Ottocento nineteenth century
ovest m. west

P

pacchetto package
pace f. peace
padano of the Po valley
padiglione m. pavilion
Padova Padua (a city at eastern end
  of Po valley)
padre m. father
paesaggio landscape
paese m. country; town
paesetto little town
pagare to pay, to pay for
pagina page
paglia straw
pagliaccio clown
paio (pl. le paia) pair
paisà (paesano) peasant, fellow-coun-
  tryman
palazzo palace, building; palazzina
  small palace
palcoscenico stage
palermitano native of Palermo
Palermo f. principal city of Sicily
Palestrina, Giovanni (1525–1594) Italian composer
Palio an ancient horse race still run
  in Siena every year
palude f. marsh
panino roll; dei panini imbottiti di
  mortadella e di formaggio some
  bologna and cheese sandwiches
panorama m. landscape, view
Pantheon m. Pantheon (one of the
  monuments of ancient Rome)
Paolo Paul
papa m. pope
papato papacy
par = pare
paracadute m. parachute
paradiso paradise
paragrafo paragraph .
parallelo parallel, equivalent
parco park; parco delle Cascine a
  large public park in Florence
parere to seem; ti or Le pare! not at
  all!; dove mi pare e per quanto mi

pare where I feel like and for as long as I like

parete *f.* wall

Parigi *f.* Paris

Parini, Giusęppe (1729–1799) *Italian poet*

Parioli *m.pl. a fashionable district in Rome*

parlare to speak, to talk; parleratti *(poetic)* = ti parlerà

Parma *a city in the Po valley*

parǫla word

parte *f.* part; role; fare parte di to be part of; in gran parte largely

partecipante *m.* and *f.* participant

partecipare to participate

partęnza departure

particolare particular; particolare a peculiar to

particolarmente particularly

partire to leave, to depart; to sail

partita game; fare una partita to play a game

passaggio passage, flow; di passaggio on one's way

passante *m.* and *f.* passerby

passapǫrto passport

passare to pass; to flow; to go through; to spend *(time)*

passatęmpo pastime

passato past

passeggęro passenger

passeggiare to promenade, to walk

passeggiata walk; fare una passeggiata to go for a walk

passeręlla gangplank

passione *f.* passion, love

passo pace, step; fare un passo to take a step; a due passi a sort distance away

pasto meal

pątria fatherland

patrǫno patron, patron saint

pazientemente patiently

pazięnza patience

peccato! too bad!

pedone *m.* pedestrian

pęlle *f.* skin, leather

pellegrino pilgrim; Monte Pellegrino

a rocky mountain that dominates the Palermo harbor

pellicola film

pena pain; valere la pena to be worth while

pendęnte leaning

pendice *f.* slope

pęndolo pendulum

penetrante penetrating

penisola peninsula

pennęllo painter's brush

pensare (a) to think about; ci pęnso io I'll take care of it; ę męglio non pensarci it is better not to think about it

pensięro thought

pensione *f.* boarding house; in pensione at the boarding house

per for, in order to, through, by, on, as: because of

perché because, why

perciǫ therefore

percǫrrere to travel, to travel on

pęrdere to lose

perfettamente perfectly

perfętto perfect

perfino even

Pęri, Jącopo (1561–1633) *Italian composer*

pericolosamente dangerously

pericoloso dangerous

periferia periphery, suburbs

perẹodo period

permęttere to permit, to allow, to let; to entitle; permęttersi to afford

perǫ however, but

persiana shutter, blind

pęrso *(past part. of* pęrdere*)* lost

persona person

personaggio character

personale personal

Perugia *a city in central Italy*

pescatore *m.* fisherman

pesce *m.* fish

peso weight

pestilęnza plague

pętalo petal

Petrarca, Franceso (1304–1374) *Italian lyric poet*

petrǫlio oil

piacęnte charming, pleasing
Piacęnza *a city in the Po valley*
piacere to please, to be pleasing; *m.*
pleasure; fare piacere a to please;
fa piacere it is a pleasure; piacere!
how do you do! pleased to meet
you!
piacęvole pleasant, pleasing
piano floor; al pian terreno on the
ground floor
pianofǫrte *m.* piano
pianta map *(of city or roads);* plant,
tree
pianura plain; in pianura level
piatto plate, dish
piazza square
Piazzale Michelạngelo *m. large open
terrace overlooking Florence*
piazzetta little square
piccolo small, little; in piccolo on a
small scale
pięde *m.* foot; ai piędi di at the foot
of; a piędi on foot; in piędi stand-
ing
Piedigrǫtta: la Madonna di Piedigrǫtta *a church in Naples;* la Fęsta
di Piedigrǫtta *a festival held each
year before the said church*
Piemonte *m.* Piedmont *(a region in
northern Italy)*
piemontese Piedmontese
pięn *(poetic)* = pięno
pięno full
plętra stone
Plętro Peter
pinacotęca picture gallery; Pinacotęca
di Bręra *an art gallery in Milan*
pino pine tree
piǫggia rain
piǫvere to rain
pirǫscafo ship; in pirǫscafo by ship
pirotęcnico pyrotechnic; spettạcolo pirotęcnico display of fireworks
Pisa *a city in Tuscany*
pista landing strip; track
Pistǫia *a city near Florence*
pittore *m.* painter
pittoresco picturesque
pittura painting
piú more, most; any longer; di piú

more; sęmpre piú more and more;
sęmpre piú giú lower and lower
piuttǫsto rather
plebiscito plebiscite
Plebiscito: Piazza del Plebiscito *a
square in Naples*
Pǫ *the largest river in Italy*
pǫ *form of* pǫco; un pǫ' di a little
pǫco little *(pl.* few); fra pǫco soon, in
a little while; a pǫco a pǫco grad-
ually, little by little; pǫco fa a little
while ago; per pǫco non almost,
nearly
poęma *m.* poem
poesia poem
poęta *m.* poet
poętico poetic
pǫi moreover; then; after, later; o
prima o pǫi sooner or later
poichè since, for
policromia polychromy
polifonia polyphony
poligonale polygonal
polịtica politics
politicamente politically
polịtico political
pollo chicken
poltrona armchair
pomerịggio afternoon
pomodǫro tomato
Pompęi *f.* Pompeii *(ancient city near
Naples, which was completely buried
by an eruption of Vesuvius in the
years 79 A.D.)*
ponte *m.* bridge; deck; Ponte a Santa
Trịnita Holy Trinity Bridge *(a
bridge in Florence)*
pontifịcio pontifical, papal
popolare popular
popolato di filled with
popolazione *f.* population
pǫpolo people
pǫrgere to hold out, to offer
pǫrta door, gate *(of city)*
portare to bring, to carry, to take; to
bear; ę portato a leans towards *(is
attracted by)*
portasigarette *m.* cigarette case
pǫrtico arcade, portico
portięre *m.* janitor, superintendent

pǫrto harbor, port
portoghese Portuguese
portone *m.* door, main entrance of building
posare to put down, to place
Posillipo *f. a suburb of Naples*
posizione *f.* position
pǫssa (*pres. subj.* of potere) we can, we may
possibile possible
possibilità possibility
possiẹde (*pres. ind.* of possedere) has
pǫsso (*pres. ind.* of potere) I can, I may
pǫssono (*pres. ind.* of potere) they (you) can, may
pǫsta mail
postẹggio parking lot
posto place; room; seat; un posto a sé a special place
potẹnza power
potenziale potential
potere to be able to, can; avrẹi potuto I could have; *m.* power
potrai (*fut.* of potere) you will be able to
potrẹbbe (*cond.* of potere) could, might,
pranzare to have dinner, to dine
pranzo dinner
pre-Appennino *a minor range of the Apennines, west of the Apennines proper*
precedẹnte preceding
precẹdere to precede
preciso exact, precise
precursore *m.* forerunner
preferire to prefer
preferito favorite
pregare to pray, to beg
pregiudizio prejudice
prẹgo you are welcome; please
prẹmio prize
prẹndere to take, to get; passerǫ a prẹnderti I'll pick you up
preoccuparsi to worry
preparare to prepare
preparazione *f.* preparation
prese (*past abs.* of prẹndere) took
presentare to present, to offer

presentazione *f.* introduction; presentation
presẹnte *adj.* present; tenere presẹnte to bear in mind; *n.* bystander
presẹpio Nativity Scene
preso (*past part.* of prẹndere) taken
pressappǫco approximately, about
prẹsso *adv.* near; at, in the house of; care of (*on envelope*); *m.pl.* vicinity
prestare to loan, to lend
prẹsto early; soon; al più prẹsto possibile as soon as possible
prettamente purely
prevalentemente mainly, largely
prevalẹnza predominance
prevedere to foresee
preziosità preciousness
prigioniẹro prisoner
prima (di) before; sooner; pǫco prima a little earlier
primavẹra spring
primaverile of the spring
primo first; i primi di settẹmbre early in September
principale principal, main
principalmente mainly
principato principality
principe *m.* prince
principio beginning
privato private
problẹma *m.* problem
problemạtica problem, quandary
procẹdere to proceed
processione *f.* procession
prodotto product
produce (*pres. ind.,* produrre) produces
producẹndo (*gerund of* produrre) producing
produzione *f.* production
profano, profane, secular
professione *f.* profession
professionista *m.* professional
professore *m.* professor
profondo deep, profound
profusione *f.* profusion
programma *m.* program; non hǫ niẹnte in programma I have no plans
progredire to progress, to advance
progrẹsso progress; fare progrẹssi to progress, to make progress

prolungato long

promessa promise; **mantenere la promessa** to keep one's word

Promessi Spọsi (The) Betrothed, *a novel by Manzoni*

promesso *(past part. of* promẹttere*)* promised

promettẹnte promising

promẹttere (di) to promise

promọsso *(past part. of* promuọvere*)* promoted

pronto ready; hello *(over telephone)*

propagandịstico propagandistic

proporzionato proportionate, proportioned

propọsito purpose, intention; **cambiare propọsito** to change one's mind; **a propọsito** by the way; **a propọsito di** speaking of

proprietạrio owner

prọprio *adj.* own, one's own his (her, its; your) own; **un prọprio parlamento** a parliament of its own; *adv.* exactly, right, just, really, indeed

prọsa prose

prosatore *m.* prose writer

prosciutto ham

proseguire to continue

prọspero prosperous

prospettiva perspective, foreshortening

prọssimo, next

protagonista *m.* and *f.* advocate

protẹggere to protect, to shield

protestante protestant

protettore protecting, patron

protọtipo prototype

provare to try, to sample; to experience

provẹrbio, proverb, saying

provịncia province

pubblicità publicity, advertising

pubblico *adj.* public; *n.* audience

Puccini, Giạcomo (1858–1924) *Italian composer, author of the operas "La Tosca," "La Bohème," "Madame Butterfly," and others.*

pugilato boxing

Pụglie *f.pl.* Apulia *(region in southern Italy)*

pugno fist

Pulcinẹlla *m.* Punch

pulire to clean

punto *n.* point; **in punto** on the dot; *adv.* at all

puọ *(pres. ind. of* potere*)* can, may

puọi *(pres. ind. of* potere*)* you can, you may

pupo puppet

pur *(form of* pure*)* although

purgatọrio purgatory

Q

quạ here; **di quạ e di là** here and there

quadrato square

quadro picture, painting

qualche some, any, a few

qualcọsa something, anything

qualcuno someone, somebody, anyone, anybody

quale such as; which, which one, what; as a

qualsịasi any, whatever

quando when; **da quando** since, from the time

quanto how much, so much; as much as; what; **quanto ẹ bẹlla** how beautiful it is

quaranta forty

quartiẹre *m.* district, section

quarto fourth

quasi almost

quassù up here

quattọrdici fourteen

Quattrocẹnto fifteenth century

quẹl *(form of* quello*)*; **di quẹl che** than

quello that, that one

questo this, this one

quị here; **di quị** from here

quindi therefore; then

quindicẹsimo fifteenth

quinto fifth

quotidiano daily

R

racchiụdere to enclose

racchiuso *(past. part. of* racchiụdere*)* enclosed, closed

raccolse *(past abs. of* **raccogliere)** gathered

raccomandare to recommend; **mi raccomando** I beg you

raccontare to tell about, to relate

racconto story, short story

radice *f.* root

radio *f.* radio

Raffaello Raphael (1483–1520) *Italian painter of the Renaissance*

ragazza girl, young woman

ragazzo boy, young man

raggiunsero *(past abs. of* **raggiungere)** reached, attained

ragione *f.* reason; **avere ragione** to be right

rallentare to slow down

rammentare to mention

rapidamente rapidly

rapidità rapidity

rappresentante *m.* and *f.* representative, agent

rappresentare to represent; to depict

rappresentativo representative

rappresentazione *f.* representation, performance

raro rare

rassegna review, list

Ravenna *city on Adriatic coast; seat of Byzantine art in Italy*

razza race

re *m.* king

reagire to react

realistico realistic

reazione *f.* reaction

recarsi to go

recente recent

recentemente recently

recitare to recite

Redentore *m.* Redeemer

regalare to give *(as a present)*

regata regatta, boat parade

Reggio Calabria *f. a city in Calabria*

regina queen; **Regina dell'Adriatico** Queen of the Adriatic *(a name often given Venice, once the ruler of the Adriatic Sea)*

regione *f.* region

regista *m.* director *(of movies)*

regno rule, reign, kingdom

relativamente relatively

religione *f.* religion

religioso religious

remoto remote

rendere to render, to make (of)

reparto department, section

repubblica republic

reso *(past part. of* **rendere)** made

responsabilità responsibility

restare to remain, to stay; to be left; **non mi resta molto tempo** I haven't much time left

resto rest; **del resto** after all

rete *f.* net, network

retrostante behind

riacquistare to acquire again

riallacciarsi to link, to go back

riaperto *(past part. of* **riaprire)** reopened

riattaccare (il ricevitore) to hang up (the receiver)

ribalta footlights

ricamare to embroider

ricambiare to exchange, to return

ricamo embroidery; lacework

riccamente richly

ricchezza wealth

Riccione *f. resort on Adriatic Sea*

ricco (di) rich (in)

ricerca research, search

ricercato refined

ricevere to receive, to get

ricevitore *m.* receiver

richiedere to ask again, to require

ricominciare to begin again

riconoscenza gratitude

riconoscere to recognize

ricordare to remember, to recall; to mention

ricordo souvenir

ricostruire to rebuild

ricostruzione *f.* reconstruction

ridere to laugh, to smile

ridotto reduced

rientrare (in) to come (within)

riesce *(pres. ind. of* **riuscire)** succeeds; **non mi riesce ricordare** I can't remember; **non gli riesce** he cannot succeed

rievocare to revoke, to recall

riferirsi to refer (to)
rifiutare to refuse
riflęttere to reflect
riforma reform
riformatore *m.* reformer
rifugio shelter
rigidità rigidity, stiffness
Rigoletto *one of Verdi's best-known*
operas
rimanere to remain, to be (left)
rimangono *(pres. ind. of* rimanere*)*
remain
rimase *(past abs. of* rimanere*)* re-
mained
rimasto *(past part. of* rimanere*)* re-
mained, been
Rimini *f. seaside resort town on Adri-*
atic Sea
rinascimentale of the Renaissance
rinascimento rebirth, renaissance
Rinascimento Renaissance
rinascita rebirth
rincorrere to run after, to pursue
rinfrescare to refresh, to cool off
ringhięra railing
ringraziare to thank
rinnovare to renew
rinnovato renewed
rionale of a section of town; cęntro
rionale central (shopping) meeting
place
rione *m.* district, section
riparare to protect, to shield
ripartire to leave again
ripassare to pass by again, to call
again
ripensare to think back
ripętere to repeat
ripetutamente repeatedly
ripięno stuffed
riportare to bring back, to take back
riposare to rest
ripǫso rest
riprędere to take again
ripresa rebirth
riprovare to try again
risalgono *(pres. ind. of* risalire*)* go back
risalire to go back
risata laughter
riscontrare to encounter, to find

risiędere to reside, to be
risǫlto *(past part. of* risǫlvere*)* solved
risǫlvere to solve
Risorgimento *period of Italian wars of*
independence (nineteenth century)
risǫrto *(past part. of* risǫrgere*)* reborn,
arisen
risǫtto *a rice dish*
rispecchiare to reflect, to mirror
rispettivamente respectively
rispętto respect, way
rispondere to answer, to reply
rispǫsero *(past abs. of* rispǫndere*)* re-
plied
risposta reply
ristorante *m.* restaurant
risultato result
risuonare **(di)** to resound (with)
risvegliarsi to awaken
risveglio reawakening
ritęngono *(pres. ind. of* ritenere*)* retain
ritirare to withdraw, to get
rito rite
ritornare to return, to come *or* to go
back
ritorno return; fare ritorno to return;
al ritorno on the way back
ritratto portrait
ritrǫvo meeting place
riunirsi to meet
riuscire **(a)** to succeeed (in)
riva shore
rivedere to see again
rivelare to reveal, to manifest
rivelazione *f.* revelation
riversarsi to gather, to converge
rivięra coast; *name of the coast east*
and west of Genoa
rivista magazine, review, journal
rivǫlgersi to turn
rivolgimento upheaval
rivoluzionare to revolutionize
rivoluzione *f.* revolution
Robęrto Robert
robusto robust, brawny
roccioso rocky
Roma Rome
romąnico Romanesque
romano Roman; **alla romana** Roman
style

romanticismo romanticism
romantico romantic
romanzo *adj.* romance; *n.* novel
rombo rumble
Rosalia Rosalie
roseo rosy
Rossini, Gioacchino (1792–1868) *Italian composer, author of "The Barber of Seville," "William Tell," etc.*
rosso red
rovina ruin
rumeno Rumanian
ruota wheel

S

sa *(pres. ind. of* **sapere**) knows; you know; **non si sa mai** one never knows
sabato Saturday
sabbia sand
s'accomodi *(pres. subj. of* **accomodarsi**) please sit down, make yourself comfortable
sacrificare to sacrifice
sacro sacred
sagra festival
sai *(pres. ind. of* **sapere**) you know
sala hall, room; **sala da concerto** concert hall; **sala da pranzo** dining room
Salerno *f. coastal city south of Naples*
salgono *(pres. ind. of* **salire**) climb, go up
salire to go up, to climb, to get on
salotto living room
salsa sauce
salutare to greet, to give one's regards; **salutami i tuoi** best regards to your family
salute *f.* health
saluto greeting, regard; **saluti cordiali** cordially yours, best regards
salvo except (for)
san *form of* **santo**
San Marino *f. little independent republic in northern-central Italy*
sano wholesome
San Petronio *a church in Bologna*
Santa Maria delle Grazie *a church in Milan*
santo saint, holy; — **Cielo!** Goodness!

santuario shrine
sapere to know; **fammi sapere** let me know; **ho saputo** I learned, I found out
sapore *m.* flavor, taste
sappiamo *(pres. ind. of* **sapere**) we know
saprà *(fut. of* **sapere**) will know, probably know(s)
saprai *(fut. of* **sapere**) you will know, you probably know
saranno *(fut. of* **essere**) will be
saraceno Saracen
sarranno *(fut. of* **essere**) will be
Sardegna Sardinia *(large Italian island)*
sarebbe *(cond. of* **essere**) would be
sarei *(cond. of* **essere**) I would be
saremo *(fut. of* **essere**) we shall be, we will be
sarò *(fut. of* **essere**) I will be
sarta dressmaker
sarto tailor
sasso stone, rock
Savoia Savoy
sbagliarsi to be mistaken, to be wrong
sbarcare to land
sboccare to end, to empty *(of body of water)*
scala stairway; **le scale** stairway, steps
scalata climbing
scalinata flight of steps, stairway
scambiare to exchange; to mistake *(a person for another)*
scambio exchange
scappata: fare una scappata to take a quick trip
Scarlatti, Domenico (1685–1757) *Italian composer*
scarpa shoe
scavo excavation
scegliere to choose
scelta choice
scena scene
scendere to descend, to go down, to get off
scherma fencing
scherzare to joke
schizzo sketch
Schoenberg, Arnold (1875–1951) *Austrian composer*

sci *m.* skiing
scientifico scientific
scięnza science
scienziato scientist
Scirǫcco Sirocco *a hot wind that blows north from the Sahara desert*
sciuscià *m.* shoeshine boy
scolasticismo scholasticism
scolạstico scholastic; **anno scolạstico** school year
scolpire to sculpture
scomparire to disappear
scomparso *(past part. of* **scomparire**) disappeared
scompartimento compartment
sconosciuto unknown
scopęrta discovery
scopęrto *(past part. of* **scoprire**) uncovered; with the top down *(of a car)*
scǫpo purpose
scǫppio explosion
scoprire to discover
scorso last, past
scǫssa jolt
scrisse *(past abs. of* **scrivere**) wrote
scrisserso *(past abs. of* **scrivere**) wrote
scritto *(past part. of* **scrivere**) written
scrittore *m.* writer
scrivere to write; **mạcchina da scrivere** typewriter
scultore *m.* sculptor
scuǫla school; **scuǫla d'avviamento** vocational school; **Scuǫla Matęrna** kindergarten; **Scuǫla Mędia Ụnica** *a pre-University secondary school;* **Scuǫla Magistrale** Normal School; **scuǫle mędie** secondary schools
scusare to excuse
scusi *(pres. subj.; polite command form)* excuse me, pardon me
sdraiato stretched out, lying down
se if, whether
sé himself, herself, yourself; **fra sé** to himself, etc.: **in sé stesso** in itself
sebbęne although
Secentismo a literary term applied to seventeenth century literature
sęcolo century
secondạrio secondary
secondo second

secondo according to
sęde *f.* seat
sedere to sit; **sedersi** *or* **męttersi a sedere** to sit down
sedicęsimo sixteenth
seduto seated
segnalare to signal
segnare to mark
segno sign; signal
segretạria secretary
segreteria registrar's office
seguęnte following
seguire to follow; to take *(a course);* **fare seguire** to forward
sęi *(pres. ind. of* **ęssere**) you are
sęi six
Seicęnto seventeenth century
selezione *f.* selection
Selinunte *f. a town in Sicily, famous for its Greek ruins*
semạforo traffic light
sembrare to seem
semitropicale semitropical
sęmplice simple
semplicemente simply
sęmpre always; still
sen *(poetic form of* **se ne**) **sen va** goes on her way
sęnso sense, respect
sentęndosi = sentęndo *(gerund of* **sentire** *plus* **si**) hearing herself
sentimento feeling, sentiment
sentire to feel, to hear, to listen; **sentire dire** to hear; **sentire parlare di** to hear about
sęnza without
separare to separate
sepolto *(past part. of* **seppellire**) buried
sera evening; **la sera** in the evening
serata evening *(descriptive)*
seriamente seriously, earnestly
sęrie *f.* series
sęrio serious
sęrva maid; **la Sęrva Padrona** the Maid as Mistress
servire to serve; **servirsi** to make use, to utilize
servịzio service; **fare servịzio** to ply
sessione *f.* session
sęsto sixth

sete *f.* thirst; **avere sete** to be thirsty
Settecẹnto eighteenth century
settẹmbre *m.* September
settentrionale northern, of the north
settimana week; **una vọlta alla settimana** once a week
settimanale weekly
sẹttimo seventh
Severini, Gino (1883–1966) *Italian painter*
sfogliare to turn the pages of
sfọrzo effort
sfumatura nuance
sguardo glance, look
si himself, herself, itself, themselves
sí yes; *(poetic of* **cosí)** such, so
sia *(pres. subj. of* **ẹssere)** is; **sia … che** or **come** both … and; **sia che … sia che** whether … or
siamo *(pres. ind. of* **ẹssere)** we are
siate *(pres. subj. of* **ẹssere)** you are
siccome since
Sicịlia Sicily *(largest of the Italian islands)*
siciliano Sicilian
sicuro sure, certain
siẹde *(pres. ind. of* **sedere)** sits; you sit
siẹdono *(pres. ind. of* **sedere)** sit
sigaretta cigarette
significare to signify, to mean
significato meaning
signora lady, Mrs.
signore Mr., sir, gentleman, lord; **signori** ladies and gentlemen
Signoria *a Renaissance form of Italian city government*
signorina Miss, young lady
silẹnzio silence
silenzioso silent
sịmbolo symbol
sịmile similar
Simone Martini (1283–1344) *Sienese painter*
simpạtico charming, pleasant
sincẹro sincere
sinfọnico symphonic
singolare singular, unusual
singolo single, individual
sinistro: a sinistra to the left
sistẹma *m.* system

sistemarsi to get settled
situato situated, located
situazione *f.* situation
Sivịglia Seville, *a city in Spain*
smaltato enameled
smesso *(past. part of* **smẹttere)** stopped
sọ *(pres. ind. of* **sapere)** I know
soave gentle, sweet
sobborgo suburb, outskirts
sociale social
società society
soddisfatto *(past part. of* **soddisfare)** satisfied
soggẹtto subject
soggiorno sojourn, stay
sognare to dream; **nemmeno si sọgnano** do not even think
solamente only
solare of the sun; **mạcchie solari** sun spots
soldato soldier
sọldo penny; **sọldi** money
sole *m.* sun
sọlido solid
solịstico for a single performer
solitạrio *adj.* solitary, alone; *n.* a solitary person, an isolated case
sọlito usual; **di sọlito** usually
solo alone, only; single; **da solo** alone, by himself
soltanto only
soluzione *f.* solution
somigliare, somigliarsi to resemble (each other), to look like
sommạrio summary, brief
sommergịbile *m.* submarine
sommo supreme, greatest
sonata sonata
sonetto sonnet
sonnolẹnza sleepiness
sono *(pres. ind. of* **ẹssere)** am, are
sopra on, upon
soprappeso excess weight
soprattutto above all
sopravvịvere to survive
sorẹlla sister
sọrgere to rise, to appear; *m.* rising, birth
sormontare to surmount
sorpassare to pass, to overtake

sorprendere to surprise

sorpresa surprise; fare una sorpresa (a) to surprise

sorpreso (past part. of sorprendere) surprised

sorrentino of Sorrento

Sorrento f. a town on the gulf of Naples

sorridere to smile

sorse (past abs. of sorgere) arose, was born

sorvegliare to watch, to watch over

sospirare to sigh

sotto under, underneath, below

spagnolo adj. Spanish; n. Spaniard

spalla shoulder

sparire to disappear

sparo shot

spazzare to sweep

specchio mirror

speciale special

specialità specialty

specializzato specialized, special

specializzazione f. specialization

specialmente especially

specie f. kind

specifico specific

spedizione f. expedition

spengere to extinguish, to turn off; le luci si spengono the lights are turned off

sperare to hope

sperduto lost

sperimentale experimental

spesa: fare la spesa to go shopping, to shop

spesso adj. thick; adv. often

spettacolare spectacular

spettacolo spectacle, sight; performance, show

spettare to belong

spettatore m. spectator

Spezia (la) a city on Tyrrhenian coast north of Pisa; a military port

spiaggia beach

spiccare to stand out

spiccato pronounced

spiedo spit; allo spiedo on the spit

spiegare to explain

spiegazione f. explanation

spingere to push; spingersi al largo to go out to sea

spirare to breathe, to inspire

spirito spirit, ghost; Santo Spirito Holy Ghost

spirituale spiritual

splendido splendid

splendore m. splendor

Spoleto f. a city in central Italy

sport m. sport

sportello window (at bank, etc.); door (of train, etc.)

sportivo adj. pertaining to sport; n. sportsman

sposalizio wedding; Sposalizio della Vergine Wedding of the Virgin Mary

sposare to marry

spostarsi to move, to be transferred

spronare to spur

spuntare to peep, to appear

squadra team

squillare to ring

squisito exquisite, delicious

stabilire to establish; stabilirsi to settle, to get settled

staccare to detach

stadio stadium

stagione f. season; di stagione in season; stagione lirica opera season

stalla stable

stamani this morning

stampare to print, to publish

stanco tired

stanno (pres. ind. of stare) stay, remain, stand

stanza room

stare to be, to say, to live; stare per to be about to; non starò a... I shall not...

stasera this evening, tonight

staterello little, insignificant state

Stati Uniti m.pl. United States

stato (past. part. of essere) been; n. state, government

statua statue

statura size, height

stazione f. station; stazione di servizio service station

stella star

stęndere to stretch, to extend

sterminato endless, very large

stesso same; very; himself, herself, itself

stile *m.* style

stima esteem

stivale *m.* boot

stǫria history

stǫrico *adj.* historical; *n.* historian

strada street, road, way

stradale of the road; **carta stradale** road map

stranięro *adj.* foreign; *n.* foreigner

strano strange

stradordinạrio extraordinary

stratęgico strategic

strettamente closely

stretto *adj.* narrow; *n.* strait

stringere *(lit.* to squeeze) to shake

striscia stripe

Strǫmboli *m. a volcano on a small island of the same name off the northern coast of Sicily*

strumentale instrumental

strumento instrument

struttura structure

studęnte *m.* student

studiare to study

studio study, studio

studioso scholar

stupęndo stupendous, wonderful

su on, above, over; up

subito at once, immediately

succędere to happen

succęsso *(past. part. of* succędere*)* happened; *n.* success

successore *m.* successor

sud *m.* south; **al sud** to the soutl.

suddivisione *f.* subdivision

suggerire to suggest

suggestivo evocative

sugli = su + gli

sui = su + i

sul = su + il

sull' = sul + l'

sulla = su + la

sulle = su + le

sullo = su + lo

suo his, her, hers, its; **Suo** your, yours;

tutto suo all his (her, *etc.*) own, special

suọi *(pl. of* suo*)* his, her, hers; your, yours

suọlo soil

suonare to play *(instrument)*

suọno sound

superficiale superficial

superfịcie *f.* area

superiore superior

supręmo supreme

suscitare to arouse

*s*vago amusement, diversion

*s*variato varied

*s*vegliare to awaken, to wake up

Svęvia Swabia

*s*villupparsi to develop

*s*viluppato developed

*s*viluppo development

*s*vǫlgere to unfold; **svǫlgersi** to unfold, take place

T

tabacco tobacco

tale such; **un tale...** such a...

tamburino drummer

tanto so; much; so much; **ogni tanto** once in a while; **tanto d'invęrno quanto d'estate** in winter as well as in summer

Taormina *a small city on eastern coast of Sicily*

tappeto carpet, rug

tardi late; **più tardi** later

tardo late

targa sign, plaque

tartaruga tortoise

tasca pocket

tassa tax, fee free

tassì *m.* taxi

tạvola table

tavolino little table

te you, to you, yourself

teatro theater; **Teatro della Scala** *famous opera house in Milan*

tęcnica technique

tęcnico technical

tecnolǫgico technological

tedesco German

telefonare to telephone
telefono telephone; **al telefono** on the telephone
telegiornale *m.* television news
telegrafia telegraphy; **telegrafia senza fili** wireless
telegramma *m.* telegram
telescopio telescope
televisione *f.* television
televisore *m.* television set
temperato temperate
tempio *(pl.* **templi)** temple
tempo time, weather; **quanto tempo?** how long? **ai suoi tempi** in his time
temporale *m.* storm
tendere to tend
tenere to keep, to hold; **tenerci (a)** to be keen (about)
tenore m. tenor
tentare to try, to attempt
Teresa Therese
terme *f.pl.* baths; **Terme di Caracalla** *ancient Roman baths*
terminato finished
termine *m.* term, end
terminologia terminology
terra earth
terremoto earthquake
terreno terrain, soil
territoriale territorial
terzo third
tesi *f.* thesis
tessuto textile, fabric
testamento testament
testimone *m.* and *f.* witness
testo text
tetto roof
Tevere *m.* Tiber River
ti you, to you, yourself
tieni! *(imperative of* **tenere)** here! take this
tifoso "fan"
timido shy
Tintoretto (1518–1594) *Venetian painter*
tintoria cleaner's shop
tipico typical
tipo type
tipografo printer
tirare to blow *(of wind);* to pull, to draw

Tirreno Tyrrhenian *(sea)*
Tito *(emperor)* Titus (39–81 A.D.)
Titta, Ruffo, (1871–1953) *Italian operatic bass*
Tiziano Titian (1477–1576) *Venetian painter*
toccare to touch
tolgono *(pres. ind. of* **togliere)** remove, take away
tomba tomb
tondo round
tono tone
Torino *f.* Turin *(industrial city in the Po valley)*
tornare to return, to come back
torre *f.* tower
torta cake
tortellini *m. pl. snail-shaped bits of dough filled with special stuffing*
Toscana Tuscany *(region in central Italy)*
toscano Tuscan
totalmente totally
tra among, between, within, in
tradizionale traditional
tradizione *f.* tradition
traduzione *f.* translation
traffico traffic
tragedia tragedy
traghetto ferry, ferryboat
tragico tragic
tragitto trip
tram *m.* streetcar, trolley
trama plot, subject
tramontare to set *(of sun or moon)*
Trapani *f. a city on western coast of Sicily*
trasferire to transfer
trasformazione *f.* transformation
trasmesso *(past part. of* **trasmettere)** broadcast, transmitted
trasportare to transport, to lead, to take, to bring
trattare to deal with
tratterà *(fut. of* **trattenere** *or* **trattenersi)** will stay
tratto stretch; **ad un tratto** suddenly, all of a sudden; *past part. of* **trarre** to draw
trattoria inn, restaurant
traversare to cross

Trecẹnto fourteenth century
trediçẹsimo thirteenth
tremando *(gerund of* tremare*)* trembling
tremare to tremble
trẹno train; in trẹno on the train
Trẹvi: Fontana di Trẹvi *a large fountain in Rome*
tributo tribute
trionfare to triumph
tristezza sadness
tropicale tropical
trọppo too, too much
trovare to find, to meet; trovarsi to be found; to be
tu you; dare del tu to address as "tu"
tuo your, yours
tuọi *(pl. of* tuo*)* your, yours
turismo tourism
turista *m. and f.* tourist
turno turn
tuttavia nevertheless, just the same
tutto all, entire, whole; everything; tutto *plus def. art.* = the whole; del tutto completely; tutti everybody; tutti e due both
tuttora even now

U
Ubaldo Ubaldus
ufficio office
ultimo last; quest'ultimo the latter
umanista humanist
umano human
Ụmbria *a region in central Italy*
umbro Umbrian *(ancient inhabitant of central Italy)*
umiltà humility
un, uno, una, un' a, an, one
undiçẹsimo eleventh
undici eleven
unicamente exclusively
ụnico unique
unificare to unify, to unite
unificazione *f.* unification
uniformità uniformity
unità unity
unito united
universale universal
università university
universitario of the university

uno one, a, an
uọmini *(sing.* uọmo*)* men
uọmo *(pl.* uọmini*)* man
urbano urban
Urbino *f. a city in northern Italy, not far from the Adriatic coast*
usare to use
uscire to go out, to exit
uscita exit
uso use
ụtile useful
uva grapes

V
va *(pres. ind. of* andare*)* goes
vacanza vacation; in vacanza on vacation
vada *(pres. subj. of* andare*)* go
vado *(pres. ind. of* andare*)* I go, I am going
valere to be worth
valigia suitcase
valle *f.* valley
vạndalo Vandal
vanno *(pres. ind. of* andare*)* go
vapore *m.* steamboat
vaporetto small steamer, ferryboat
variare to vary
varietà variety
vạrio varied, various
vaso vase
vassọio tray
vasto vast
vẹcchio old
vedere to see; fare vedere to show
vedrà *fut. of* vedere*)* will see
vedrai *(fut. of* vedere*)* you will see
vedremo *(fut. of* vedere*)* we shall see
veduta view, sight
vegetazione *f.* vegetation
vehịcolo vehicle
veloce fast, speedy
velocemente fast, rapidly
vẹndita sale
Vẹnere Venus
vẹneto Venetian
Venẹzia Venice
veneziana Venetian
vẹnga *(pres. subj. of* venire*)* come
vengo *(pres. ind. of* venire*)* I come
vẹngono *(pres. ind. of* venire*)* come

venire to come; **venire** *plus part part.* = to be *plus past part.*, *for example:* **le canzoni vęngono cantate** the songs are sung

venni *(past abs. of* **venire***)* I came

ventąglio fan

venti twenty

ventisętte twenty-seven

vęnto wind

venuto *(past part. of* **venire***)* come

veramente actually, as a matter of fact, truly, certainly

verde green

Verdi, Giusęppe (1813–1901) *Italian operatic composer, author of "Aida," "Rigoletto," "Otello," etc.*

verificare to verify

vero true, real; **vero e pręprio** real, true; **tanto ę vero che** so much so that; **vero?** is that right? isn't that right?

Veronese (**Pąolo Caliari,** 1528–1588) *Venetian painter*

versione *f.* translation

vęrso toward, towards; around *(of time)*

vęscovo bishop

vęste *f.* dress, robe, gown

vestigio *(pl.* **le vestigia***)* remain

vestire to dress; **vestire di rosso** to dress in red

vestuto *(obsolete for* **vestito***)* dressed

Vesụvio Vesuvius *(a volcano in the bay of Naples)*

vetrata a colori stained glass window

vetrina window *(of store)*

vetro glass

vetta peak, top

vi you, to you; *adv.* there

via *adv.* away; **e così via** and so on; *n.* street, road

viaggiare to travel

viaggiatore *m.* traveler

viąggio trip, journey, voyage; **buęn viąggio!** have a nice trip, bon voyage! **in viąggio** traveling; **viąggio di ritorno** return trip; **fare un viąggio** to take a trip

Viaręggio *f. a city and beach resort near Pisa*

vicęnda vicissitude

vicino (**a**) near; near by

Vico, Giambattista (1668–1744) *Italian philosopher*

vięne *(pres. ind. of* **venire***)* comes; you come

vięni *(pres. in. of* **venire***)* you come

vigile *m.* policeman

vigore *m.* vigor

vigoroso vigorous

villa villa, private house; **Villa Borghese** *a large park in Rome*

villeggiatura *(summer)* vacation; **in villeggiatura** on a vacation *(originally at the "villa" country house)*

Vincęnzo Vincent

Vinci *f. small town near Florence; birthplace of Leonardo*

vincitore *m.* winner

vino wine

viola d'amore *a type of viol*

violino violin

violoncellista *m. and f.* cellist

violoncęllo 'cello

virtuale virtual

visita visit, inspection; **biglietto da visita** calling card; **fare una visita** to call on, to pay a visit

visitare to visit

visitatore *m.* visitor

vissuto *(past part. of* **vivere***)* lived

vista view

visto *(past part. of* **vedere***)* seen

vita life; **tenere in vita** to keep alive; **"La Vita Nuęva"** a poetic work of **Dante Alighieri**

vite *f.* grapevine

vitęlla heifer

Vitęrbo *f. a city in central Italy*

Vittęrio Emanuele Victor Emmanuel *(king of Italy)*

vittorioso victorious

vivace vivacious, lively

Vivaldi, Antęnio (1675–1743?) *Italian composer*

vivamente sharply

vivere to live; to thrive

vivo alive, living

vocazione *f.* vocation; **per vocazione** by vocation

voce *f.* voice
vogliamo *(pres. ind. of* volere) we want; vogliamo *plus inf. ...?* shall we ...?
voglio *(pres. ind. of* volere) I want, I wish
vogliono *(pres. ind. of* volere) want
voi you
volare to fly
volentieri gladly
volere to want, to wish; volere dire to mean; volerci to take *(of time);* avrei voluto I really wanted, I would have preferred
volgersi to turn to
volo flight
volontà will, willingness
volse *(past abs. of* volgere) turned
volta time; volt *(electricity);* una volta al giorno once a day; una volta alla settimana once a week; una volta once, at one time; ancora una volta once again; più volte several times

voltaggio voltage
voltare to turn; voltarsi to turn back; voltare indietro to turn back
Vomero *a section of Naples*
vongola a small clam
vorrebbe *(cond. of* volere) would want
vorrei *(cond. of* volere) I should want, I should like
vostro your, yours
votare to vote
voto vow
vulcano volcano
vuoi *(pres. ind. of* volere) you want; cosa vuoi! you know how it is!
vuole *(pres. ind. of* volere) wants; you want; cosa vuole! you know how it is!; ci vuole it takes *(of time)*

Z

zia aunt
zoccolo hoof
zona zone
zoologia zoology

ILLUSTRATION CREDITS:

(By page numbers)

Fritz Henle from Photo Researchers: *3, 8.* Carolyn Watson from Monkmeyer: *5.* Philip Gendreau: *7, 22, 26, 32, 45, 67, 68, 136, 148, 161.* Franco Grillo, Roma: *11.* Davis Pratt from Rapho-Guillumette: *15.* Sam Falk from Monkmeyer: *19.* Anderson: *25, 40, 69, 70.* Metropolitan Opera Association, Inc.: *27.* Fiat Motor Company, New York: *28.* Monkmeyer: *29, 167.* Gullers from Rapho-Guillumette: *31, 65, 78, 126, 131, 141, 157, 174, 178, 179, 181.* Italian State Tourist Office: *35, 51, 82, 112.* Pan American Airways: *36.* Henri Cartier-Bresson from Magnum Photos: *38, 130, 137.* Bernard Silberstein from Rapho-Guillumette: *42, 56, 107, 160, 172, 177.* Winifred Luten from Monkmeyer: *47.* Barone from Monkmeyer: *49, 72.* Caraballo from Monkmeyer: *50.* Italian Cultural Institute, N.Y.: *x–1, 53, 60, 71, 94, 97, 115, 121, 142, 143, 144, 145, 146, 147.* Gioberti, Roma: *58.* Robert Emmett Bright from Rapho-Guillumette: *59, 98, 122.* Fenno Jacobs from Three Lions: *61.* Screen Traveler from Gendreau: *63.* Alinari: *66, 74, 88.* Collection of Museum of Modern Art: *75.* Gidal from Monkmeyer: *79.* Adsum, Firenze: *81.* Italia Galles: *83.* Englehard from Monkmeyer: *84.* Bettmann Archives: *87.* New York Public Library; Astor, Lenox and Tilden Foundation: *91, 96.* Tet Borsig from Rapho-Guillumette: *98, 104, 105.* Sabine Weiss from Rapho-Guillumette: *101.* Silberstein from Monkmeyer: *73, 117.* Stefani from Monkmeyer: *135.* Los Alamos Photographic Library: *154.* Louis Goldman from Rapho-Guillumette: *159.* P. Molinard from Rapho-Guillumette: *173.*